प्रिय पाठक,

भगवान् का आशीर्वाद आपको हमेशा प्राप्त हो!

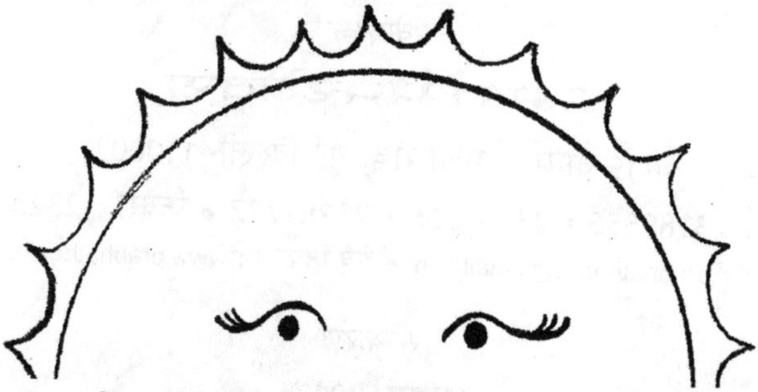

सनरेज फॉर ट्यूजडे

(प्रेरणादायक कहानियों का संग्रह)

लेखक

प्रिया व संजय टंडन

प्रभात
पेपरबैक्स
www.prabhatbooks.com

प्रकाशक

प्रभात पेपरबैक्स

4/19 आसफ अली रोड, नई दिल्ली–110002

फोन : 23289555 • 23289666 • 23289777 ❖ फैक्स : 23253233

इ–मेल : prabhatbooks@gmail.com ❖ वेब ठिकाना : www.prabhatbooks.com

संस्करण

प्रथम, 2017

आवरण पृष्ठ

सारांश टंडन

चित्रांकन

प्रिया एस. टंडन

अनुवाद

प्रो. प्रवीण चौबे

मूल्य

दो सौ पचास रुपए

अ.मा.पु.स. 978-93-5266-075-9

मुद्रक

आर–टेक ऑफसेट प्रिंटर्स, दिल्ली

★

SUNRAYS FOR TUESDAY

by Priya & Sanjay Tandon

Published by **PRABHAT PAPERBACKS**

4/19 Asaf Ali Road, New Delhi-110002

ISBN 978-93-5266-075-9

₹250.00

भगवान श्री सत्य साईं बाबा के साथ लेखक प्रिया व संजय टंडन

भगवान श्री सत्य साईं बाबा

हमारे प्यारे प्रभु,

भगवान् श्री सत्य साईं बाबा,

यह पुस्तक आपको समर्पित

···और इसके साथ···

हम दोनों भी।

—प्रिया व संजय टंडन

इस पुस्तक के अंग्रेजी प्रकाशन को,
भगवान् श्री सत्य साईं बाबा ने, दिनांक 18 अगस्त, 2006 को
प्रशांति निलयम, पुट्टपर्ती, भारत में आशीर्वाद दिया था

प्रार्थना

प्रार्थना तुम्हारी बन गई है हमारी धड़कन
तुम से न जुदा होंगे, कभी एक भी क्षण

बाँसुरी की तरह तुम्हारे लिए हैं बेकरार
आपके सुवचन सुनाते रहें हम बार-बार

तुम्हारे विचार हमारे जीवन में व्याप्त हों,
तुम्हारे सिमरण से सुकून और आनंद हमें प्राप्त हो,

जिंदगी का ये सफर न हो गुमनामी का मंजर,
आपसे मधुर-मिलन की चाह से जारी है यह सफर,

भीतर और बाहर हो तुम्हारी चहक
हर श्वास में बनी रहे तुम्हारी महक

सर से सजदा, हाथों से सलाम,
आपको अर्पण हमारे प्रणाम!

—प्रिया व संजय टंडन

अमित शाह
अध्यक्ष
Amit Shah
President

भारतीय जनता पार्टी
Bharatiya Janata Party

प्राक्कथन

मुझे यह जानकर प्रसन्नता हुई कि भारतीय जनता पार्टी, चंडीगढ़ के अध्यक्ष संजय टंडन, सन् 2000 से प्रतिदिन, इ-मेल के जरिए साँई बाबा के संभाषणों से चुनी हुई, एक प्रेरणादायक पंक्ति लगभग 2500 लोगों को भेजते हैं। संजयजी ने अपनी धर्मपत्नी के साथ मिलकर 6 पुस्तकें लिखीं हैं। (Sunrays for Sunday, Sunrays for Monday, Sunrays for Tuesday, Sunrays for Wednesday, Sunrays for Thursday, Sunrays for Friday) इन सभी में 52 प्रेरणात्मक कहानियाँ हैं। हर एक कहानी के साथ, एक दृष्टांत चित्र है, जो कि कहानी का व्याख्यान करता है। पहली दो पुस्तकें हिंदी और तेलगू में भी अनुवादित है। इस तीसरी पुस्तक का हिंदी अनुवाद प्रकाशित होने जा रहा है। राजनीतिक जीवन की जिम्मेदारी और कार्यभार का निर्वहन करते हुए, यह सब करने के लिए, वह अभिनंदन के पात्र हैं। यह पुस्तक अवश्य ही सभी को पसंद भी आएगी और प्रेरणा स्रोत भी बनेगी।

जिंदगी के मूल गुण, छोटी-छोटी बातों पर आधारित होते हैं। यही छोटी-छोटी बाते, महान् चरित्र-निर्माण की और गुणों की स्थापना करती हैं। देश को महान् बनाने के लिए, हर व्यक्ति को अपने आप में बदलाव लाना जरूरी है। मुझे आशा है कि यह पुस्तक सभी को मानवीय गुणें को अपनाने के लिए प्रेरित करेगी।

टंडन दंपत्ति को मेरी ओर से शुभकामनाएँ।

भवदीय

(अमित शाह)

11, अशोक रोड, नई दिल्ली-110 001 दूरभाष : 23005700 फैक्स : 23005787
11, Ashok Road, New Delhi-110 001, Phone : 23005700, Fax : 23005787
e-mail : amitshah.bjp@gmail.com

Arun Jaitley M.P.
Rajya Sabha
General Secretary
BHARATIYA JANATA PARTY

सत्यमेव जयते

A-44, Kailash Colony, New Delhi-110048
Tel. : 29244587, 29248212, 29237483
Fax: +91-11-29232358
E-mail: ajaitley@del5.vsnl.net.in

Foreword

Sunrays for Tuesday is the third book of the Sunrays series, confirming the belief that there are four more to come to complete the week.

Priya & Sanjay, the compilers of this beautiful book of anecdotes, small stories with inspirational thoughts, moral values are personally known to me for the last many years. What a beautiful way for a couple to get together, synchronize their mind and feelings to give expression in writing and compiling another set of 52 short stories for helping people to create value based environment. It is really heartening to know that the proceeds from this book as well as earlier ones are being used for charity purpose.

These stories shall provide some food for thought, streamlining the thought process, setting the priorities in life, infusing strength and courage to make readers understand through the simple but effective words and sketches. Such book is an anytime companion, does not take more than 3-5 minutes for a story, and it works like an ointment on sore relationships, a magic for changing mindset, a mug of coffee on the sleepy minds and helps in building faith in God under all circumstances.

I wish this venture a great success and to the readers a purposeful and enjoyable reading.

(ARUN JAITLEY)

11, Ashok Road, New Delhi-110 001, Ph.: 23382234, 23382235, 23073758 Fax: 23782163

ICICI Bank

K.V. Kamath
Managing Director & CEO

July 17, 2006

Foreword

Legends and parables with moral themes have been an integral part of our culture. The stories contained in the Sunrays series of books are in the same mould as the Panchtantra, Jataka tales and Aesop's fables. The 52 stories in "Sunrays for Sunday" and "Sunrays for Monday" are full of wisdom, warmth and compassion. These simple yet profound tales create an impact in the same way that the legends and parables have influenced our culture. It is worthwhile to note that these stories are also rich sources of management insights. This is vital for business where success depends on behaviour of individuals. I am sure readers will find reading this collection as uplifting and rewarding an experience as the first two editions.

Best wishes,

(K.V. Kamath)
Managing Director & CEO

ICICI Bank Limited
ICICI Bank Towers
Bandra-Kurla Complex
Mumbai 400 051, India

Tel. (+91-22) 2653 8000
Fax (+91-22) 2653 1212
Kamath.kv@icicibank.com

Regd. Office : "Landmark"
Race Course Circle
Vadodra 390 007, India

Message

The Sunrays series is rich with quiet spiritual fervour and gentle soul searching allegories. This could be the spiritual Panchantantra of our times bringing us face to face with the eternal values distilled from large vistas of experience.

It was time for such a book to amalgamate the Indian tradition of story telling with great and ancient truths. The vacuum in spiritual values and the loss of kindness and empathy in daily life nowadays can only be filled with selfless endeavours like these. It is through the telling of shared experiences that life's travails can be understood and endured, and the Sunrays series strikes the right note between the simple and the true.

I am sure we will all do well to enjoy these life affirming and invigorating Sunrays and awaken to seeing life in the new gold of a wise thoughtful way.

–Mukesh D. Ambani
Chairman and Managing Director
Reliance Industries Limited
Maker Chambers IV, 4th Floor
222 Nariman Point
Mumbai 400 021

प्रस्तावना–सन् 2017

'सनरेज फॉर ट्यूजडे' का अंग्रेजी प्रकाशन सन् 2006 में हुआ था। समय बीतते, हमें यह एहसास हुआ कि चूँकि भारत के अधिकतम लोग, खासकर उत्तर भारत में, हिंदी भाषा बोलते हैं, तो हमें 'सनरेज शृंखला' की सभी पुस्तकों का हिंदी रूपांतरण करना चाहिए। इस बात को हाजिर नजर रखते हुए, 'सनरेज फॉर संडे' का सन् 2007 में और 'सनरेज फॉर मंडे' का सन् 2012 में, हिंदी अनुवाद प्रकाशित किया गया।

भारतीय संस्कृति और परंपरा में कहानियों का अपना ही एक स्थान है। दादी–नानी की कहानियों के जरिए बच्चों को दादी–नानी का प्यार तो मिलता ही था, साथ–साथ गुप्त रूप से संस्कारों का निर्माण भी हो जाता था। यह जरूरी नहीं कि शिक्षा स्पष्ट शब्दों में विस्तार से ही दी जाए। कहानियों के माध्यम से बच्चे कब और क्या सीख जाते हैं, यह तो समय ही बताता है।

राजनीतिक क्षेत्र में मुझे (संजय को) बहुत समय हो गया है। पिछले सात वर्ष से मैंने भारतीय जनता पार्टी, चंडीगढ़ के अध्यक्ष का कार्यभार सँभाला हुआ है। राजनीति में, निजी जीवन में या फिर सार्वजनिक तौर पर हमें अकसर कई तरह की तनावभरी परिस्तिथियों का सामना करना पड़ता है और उनका हल भी निकालना पड़ता है। मैंने भी इन कहानियों को कई परिस्तिथियों में न सिर्फ लोगों को, बल्कि अपने आप को भी, समझाने का स्रोत बनाया।

इस पुस्तक की हर एक कहानी, भगवान् श्री सत्य साईं बाबा के संभाषणों से चुने हुए एक सुवचन से आरंभ होती है, क्योंकि वह उसी के ऊपर आधारित है। हमने उनके प्रवचनों को विस्तारपूर्वक समझाने और दरशाने का यह माध्यम अपनाया है। इस पुस्तक का शीर्षक सूर्य से प्रेरित है। भारत में सूर्य की उपासना की परंपरा है। प्रातःकाल सूर्य की ओर मुख करके हम उपासना करते हैं—

ॐ तेजोअसी तेजोमही देही,
ॐ वीर्य असी वीर्य महीदेही,
ॐ बलम् असी बलम् मही देही
ॐ ओजो असी ओजो महीदेही
ॐ मनूर असी मनूर महीदेही
ॐ सहो असी सहो मही देही

ठीक इसी तरह, भगवान् बाबा के सुवचन भी, सूर्य के समान, हमें प्रेरणा, बल, बुद्धि, साहस, प्रोत्साहन और मन की शांति भी देते हैं और पल-पल हमारा मार्गदर्शन करते हैं। प्रभु ने हमें साक्षर करके अपने कार्य को करने के लिए चुना, इसके लिए हम अपने आपको, खुशनसीब मानते हैं।

हमने बाबा से कहा था कि हमें अपने कार्य में कार्यरत रखना। उनकी असीम कृपा से ये कार्य करके हम कृतार्थ हो रहे हैं। असल में तो सब कुछ वो ही कर रहे हैं; सब कुछ उन्हीं ने लिखा है। यह सब उनकी ही कृपादृष्टि का फल है। मुझे एक भजन याद आ गया, ''प्रभु आपकी कृपा से सब काम हो रहा है, करते हो तुम कन्हैया, मेरा नाम हो रहा है…।'' ऐसी ही मनोस्थिति हमारी भी है।

भगवान् बाबा के पावन चरण-कमलों में हम दोनों के प्रेम भरे नमन और प्रणाम के साथ यह पुस्तक उनको अर्पित है। जय साईं राम!

—प्रिया व संजय टंडन

Preface

(as printed in SUNRAYS FOR TUESDAY in 2006)

The gestation period for this book to come through has been over eighteen months. During this period many people have asked us, "When is your next book coming?" It is surely because of Divine directions and blessings that this project has been completed. At the same time we can not undermine the role of our well-wishers and the people who have been on the look out for this publication.

The love and blessings that we have received, after the publication of our first two books i.e. Sunrays for Sunday and Sunrays for Monday have been phenomenal. We hope that this book too gets the same response.

With the Grace of Bhagwan Baba, our two older children, Saraansh and Shiven are studying in the Sri Sathya Sai Higher Secondary School at Puttaparthi. They have the good fortune to have Bhagwan's Divine Darshan every day. I am tempted to share with you a message from our eldest son. It was in July 2005 that Sanjay, along with his father visited Puttaparthi. Saraansh was asked by his grand-father, what message he would like to give to everyone back home. He said, "Don't ever lose faith in God." That is the message he sent us when he had been in Bhagwan's school for just a month and a half. Sanjay asked him about a time when he had had a special opportunity to talk to Bhagwan Baba. Saraansh said, 'Papa, do you know when Swami talks to you? ..... He talks to you only when your mind is calm. When it is agitated, He doesn't call you to Him." This makes me reflect on the depth of this statement. Swami often says, "It is only in the depth of silence, that you can hear the voice of God." On a physical level too, when our mind is calm, we can establish an internal dialogue with the Lord. If we try in earnest, to communicate with Him, He does respond. Time and again, He has reminded us of His presence around us at all times.

Our second son, Shiven joined Bhagwan's school in June 2006, we are very hopeful to see him bloom in Bhagwan's garden of love. Just before Shiven left, in an emotional moment, I said to him, "Shiven, you are going to be so far away from home……" He said, "Don't worry Mom, I am going home."

Back home, Satyam, our youngest is rearing to go.

We thank you Mother Sai, for making us realize that our children are not really ours, they are the children of SAI!

As we continue with our endeavour to put together a collection of inspirational stories, we are provided with an unending stream of food for thought from various quarters. At times when I sit alone, I get a spark providing an idea for a story. Some times stories that I have read in the past, come to memory and I feel that no writer could object to using his idea for providing inspiration to thirsty souls. Books are usually not written for money, they are written to express our inner thoughts so that others too can benefit from them. It is said that thoughts are like sound waves; they float around freely in the cosmos. Some of us are fortunate to have them 'downloaded' through us! As for the quotes prefixed before each story; they are to the story what a beautiful garland is to a married woman. They are words spoken by our Divine Master Bhagwan Sri Sathya Sai Baba and have been sieved out of the myriad ocean of His teachings, to add beauty and character to each story.

Newton's third law of motion says that 'Every action has a reaction.' Perhaps this is so not only in case of actions but in case of many other things. Our package in this life is the sum total of our past Karma. It is just being squared off, to effect neutralization. But in the real sense, neutralization never really happens, for we continue to perform actions and reactions.

Do you ever feel you are in need of blessings? Do you ever wish that someone gave you love or blessings? If you do, then ask yourself, when is the last time you blessed someone? Or, when was the last time you asked God to bless someone? When was the last time you prayed for someone?

As we were discussing before, every action has reaction. If you never took out time to bless anyone, is it fair for you to ask for the favour? Nothing comes from nothing, nothing ever did…

As you read this book, look around you, you can find many people to bless. You can bless the man who cooked your meal.

You can bless the farmer for growing the vegetables; the water for providing nourishment and the sun for sustaining it. You can bless your family for being there for you. You can bless those who have been good to you and those who have not. Go ahead, lift your head up for a moment and say 'God Bless You', to anyone around you or anyone you can think of. Make it a habit and the blessings shall soon, start coming back to you. If you do good to others, goodness shall come your way. And do not be discouraged if success is not outrightly forthcoming as, Bhagwan Baba tells us that the three P's of success are Purity, Patience and Perseverance.

When I sat to proof-read the manuscript of this book, I was awe struck with what had been created. I would wonder, when did I write this? How did this thought occur to me? Did I really write this? As these questions dodged through my mind, I realized the truth that was. I did not write anything! Bhagwan Baba wanted to put this into black and white. He chose me as a medium to execute His work. The work, the inspiration and the efforts are all His .... Strangely, the laurels are coming our way! How can we thank you for this Lord?

This is now the third book in the series. We pray to you Bhagwan, to keep us working on the job, so that all days of the week can be divinised. It is only Grace; pure and simple, that has brought about these books to have been made. The Lord Himself has come down to earth in human form, to give us love. We are amongst the most blessed souls on earth to have been chosen to be a part of the Mission of Sai. With pleasure and humility we would like to share with our readers a small proof of the public's acceptance of our work : Stories from our books are being used in other publications namely Moolyasudha; Nava Sarathi; Hansti Dunia and Punjab Kesri.

Oh Lord! Do not ever deprive us of the love and blessings that we have grown so accustomed to. We bow with Prayerful Salutations at the Lotus Feet of our Beloved Bhagwan and seek His Eternal Grace.

–Priya and Sanjay Tandon

आभार

भगवान् श्री सत्य साईं बाबा, इस धरती पर एक मिशन लेकर अवतरित हुए हैं। आपके इस मिशन के एक छोटे से हिस्से के रूप में, आपके प्रेम के संदेश को फैलाने हेतु, हमें चुना, सो हम आपके कृतज्ञ हैं, प्रभु! आपकी दी गई प्रेरणा, साहस और शक्ति के बल पर ही इस तीसरी पुस्तक का हिंदी प्रकाशन संभव हुआ। प्रभु आपने हमें जो स्नेह और आशीर्वाद प्रदान किया है, उसके लिए हमारे पास आपको अर्पित करने के लिए मात्र दो ही शब्द हैं—'आपको धन्यवाद।'

हम आभारी हैं—

अनचल सिंह जमवाल	हमारे हस्तलिखित नोट्स को संकलित करके, टाइप करने में उन्होंने जिस अत्यंत धैर्य एवं दृढता का परिचय देते हुए, अथक सहयोग प्रदान किया।
प्रो. प्रवीण चौबे, राजकीय कॉलेज, सेक्टर-46, चंडीगढ़	इस पुस्तक का हिंदी अनुवाद करने के लिए।
हमारे माता-पिता श्रीमती ब्रिजपाल टंडन व श्री बलराम दास टंडन, जो कि वर्तमान में छत्तीसगढ़ राज्य के राजयपाल हैं; स्वर्गीय श्रीमती मीरा पुंछी एवं स्वर्गीय न्यायमूर्ति श्री मदनमोहन पुंछी (उच्च न्यायालय के पूर्व उच्च न्यायाधीश)	हमारी जिंदगी को आरामदेह बनाने के लिए, और हमें आश्वस्त करने के लिए कि हम हमेशा उनका भरोसा रख सकते हैं।

हमारे पुत्र सारांश व पुत्र-वधु उमंग, पुत्र शिवेन और पुत्र सत्यम्	जो हमारे लिए कर्मक्षेत्र बने; और जिन पौधों को प्रभु ने हमारे बगीचे में उपजाया, उनके बागबान बनने का मौका देने के लिए।
हमारे सभी पाठकों का	इस पुस्तक को पढ़ने के लिए और हमें प्रोत्साहन देने के लिए।

अंत में, हे प्रभु! आपने हमें महसूस करवाया कि हम एक-दूसरे की ताकत हैं, कमजोरी नहीं। और हमें ये सौभाग्य दिया कि हम मानव चोले में नारायण के अवतार को जानें और आपसे उत्साह व आदेश पा सकें, इस सर्वोत्तम आशीर्वाद के किए आपका कोटि-कोटि धन्यवाद।

—प्रिया व संजय टंडन

नमस्कार

प्रिय पाठक, आप को नमस्कार। हम हाथ जोड़कर, सर झुकाकर आप को आदर सहित प्रणाम करते हैं। नमस्कार कर वंदन करना भारत की प्राचीन परंपरा है। हम सब ने असंख्य बार ऐसा किया होगा। परंतु इस का मतलब शायद कभी सोचा नहीं। जरा रुककर सोचिए।

नमस्कार शब्द दो शब्दों की संधि से बना है। यह हैं नमः + साकार। जब हम इन दो शब्दों को जोड़कर बोलते हैं, तो साथ में अपनी दस अंगुलिओं को मिलाकर नमस्कार मुद्रा भी बनाते हैं। ऐसे में हम अपनी पाँचों कर्मेंद्रियों और पाँचों ज्ञानेंद्रियों को नियंत्रित करते हैं। जब हम सर को झुकाते हैं, तो हम सामने वाले व्यक्ति के भीतर विराजमान प्रभु को प्रणाम करते हैं। यानी कि निराकार परमात्मा के उस साकार रूप को प्रणाम करते हैं।

कई बार भगवान् बाबा ने कहा कि हम सब में परमात्मा का वास है। हम सब परमात्मा के ही अंश हैं। हमारे अंदर जो आत्मा है, वो उसी परमात्मा का ही छोटा सा अंश है। संभाषण देते समय भगवान बाबा, शुरुआत अकसर ऐसे करते थे—दिव्यात्म स्वरूपो··· । हमें साक्षात् परमात्मा ने दिव्यात्मा स्वरूप कहकर पुकारा, तो अब और इस बात का क्या सुबूत होगा कि हम सचमुच दिव्यात्मा स्वरूप हैं! तो अवश्य ही, हमें अपने आस-पास सभी को दिव्य आत्मा के स्वरूप हो जानना चाहिए। बाबा कहते थे कि दिव्यता इनसान में ठीक वैसे ही समाई हुई है, जैसे फूलों में खुशबू, लकड़ी में अग्नि, तिल में तेल··· अदृश्य परंतु विद्यमान!

जब भी आप किसी को नमस्कार करें, तो यह जरूर याद रखें कि इस का क्या मतलब है और फिर इस भावना को बनाकर रखें!

अनुक्रम

1

हमेशा मुसकराते रहो

"हृदयहीन शब्दों से एक शब्दहीन हृदय कहीं ज्यादा कीमती है।"

XYZ10

हमेशा मुसकराते रहो

हममें से अधिकांश लोगों ने कार या बस से अंतर्प्रांतीय सड़कों पर कई बार यात्रा की है। मील के पत्थर यात्रा की दूरी तय किए जाने के निर्देशक तो होते ही हैं, इसके साथ-साथ बच्चों के लिए उत्सुकता के विषय भी होते हैं। विक्की अपने माता-पिता के साथ नानी के घर जाने के लिए यात्रा कर रहा था। वह कार की पिछली सीट पर बैठा था। उसकी छोटी बहन उसकी बगल में अपने छोटे से पालने में आनंदपूर्वक सो रही थी। वह इस बात को लेकर बड़ा गर्व महसूस कर रहा था कि उसकी बहन उसकी देख-रेख में है, जबकि उसकी मम्मी, पापा के साथ सामने की सीट पर बैठी हुई है। उसने अपने पापा से पूछा, ''पापा, अभी और कितना रास्ता बाकी है?'' पिताजी ने कहा, ''बच्चे, अभी अस्सी माइल बाकी हैं।'' ''अस्सी, ओह! फिर तो काफी समय लगेगा।''

विक्की अपनी ओर की खिड़की खोलकर, यात्रिओं को देखकर मुसकराता रहा। जब भी कोई गाड़ी उनकी बगल से निकलती, तो वह उसकी ओर देखकर सुंदर सी मुसकान देता। एक कार ने उन्हें उल्टी दिशा से पार किया तो भी वह उसकी ओर देखकर मुसकराया। जितने भी लोग उनकी गाड़ी को पार करके आगे निकलते रहे, वह उन लोगों को देखकर मुसकराता रहा। कुछ समय बाद उसकी छोटी बहन सोकर उठ गई। वह उसके साथ खेलने लगा। उसने झुनझुना बजाया और दोनों आपस में हँसते- खेलते समय बिताने लगे।

जल्द ही अँधेरा हो गया। वे अब पास के खेतों में काम कर रहे लोगों को मुश्किल से देख पा रहे थे। विक्की ने पूछा—''नानी के घर पहुँचने के लिए और कितना अधिक समय लगेगा?'' पापा ने जवाब दिया—''बस केवल दस मिनट; और फिर हम लोग वहाँ होंगे।'' विक्की सड़क पर चल रहे लोगों की ओर देखकर मुसकराता रहा। जैसे ही उन्होंने शहर में प्रवेश किया, वह हर व्यक्ति को आनंद भरी नजर के साथ देखकर मुसकराता रहा।

थोड़ी देर में उनकी कार नानी माँ के घर के अंदर प्रवेश कर गई। विक्की ने आश्चर्यचकित होकर कहा, ''अरे पापा! अभी तो एक और स्माइल देना बाकी है। भला उसके पहले हम कैसे पहुँच गए?'' पापा ने कहा, ''तुम्हें एक और स्माइल देना बाकी है, इसका क्या मतलब है?'' विक्की ने बड़ी गंभीरता से उनकी ओर देखा और बोला, ''मैंने आपसे पूछा था न कि और कितनी दूर जाना है? और आपने कहा कि 'अस्सी स्माइल', जिन व्यक्तियों के पास से

हम गुजरते रहे, मैं उन सब की ओर स्माइल करता रहा, मैं अब तक 79 बार स्माइल कर चुका हूँ, अभी एक और स्माइल बाकी है। उससे पहले हम कैसे पहुँच गए?'' पापा को समझ नहीं आ रहा था कि वह अब क्या कहें। उन्होंने अपने चार वर्षीय पुत्र को अचंभे से देखा, ''मैंने अस्सी माइल कहा बेटा, परंतु तुमने अस्सी स्माइल सुना। मैं भी सोच रहा था कि तुम रास्ते भर सबको देखकर मुसकरा क्यों रहे हो। यह मैंने देखा तो था, पर इस पर कुछ ज्यादा ध्यान नहीं दिया।'' तभी नानी ने दरवाजा खोला और विक्की ने अपनी अस्सीवीं स्माइल दी। वे आपस में गले लग गए और खुशी से मुसकराए।

यह घटना चालीस वर्ष पहले की है। विक्की के पिता ने अपनी मृत्यु से पहले विक्कीी से यह बात कही, ''हमेशा मुसकराते रहो, जैसा कि तुमने चार वर्ष की उम्र में किया है। मेरे बच्चे, मैंने तुमसे ही यही बहुमूल्य पाठ ग्रहण किया था। जीवनपर्यंत मुसकराते रहने की सीख को मैंने तुमसे ही पाया, इसके लिए मैं हमेशा तुम्हारा आभारी रहूँगा।''

अब विक्की चवालीस वर्ष का है और आज भी वह हर अजनबी को देखकर मुसकराता है, जिसके पास से वह गुजरता है, क्योंकि उसने चार वर्ष की नन्ही उम्र में ही यह सीख लिया था कि मुसकराते रहने से यात्रा आनंददायी होती है। जिंदगी के सफर में उसने यह भी सीखा कि दोस्त बनाने में भी मुसकराहट बड़े काम की चीज है। उम्र के साथ-साथ उसने यह भी सीखा कि मुसकराहट संप्रेषी होती है। यदि आप किसी दूसरे को देखकर मुसकराते हैं तो सामान्यतया वह भी आपको देखकर मुसकराता है। ऐसा अकसर होता ही है, इसलिए किसी को मुसकराने के लिए प्रेरित करके, आप इस संसार को और आनंदमयी बना सकते हैं। साथ ही यह बात भी सही है कि मुसकराहट अपने व्यक्तित्व में निखार लाने का सबसे सस्ता साधन है।

क्या आप जानते हैं कि मुसकराहट क्या है? यह प्यार बाँटने का, फैलाने का और लुटाने का सबसे सरल, सस्ता एवं साधारण तरीका है। तो इसे पढ़ते हुए यदि आप मुसकरा रहे हैं, तब अवश्य ही मुसकराते रहिए, क्योंकि कौन जानता है, शायद आपकी इस मुसकराहट से किसी को आपसे प्रेम हो रहा हो!

2

दो बक्से

"अपने अहंकार को समर्पित करना ही आत्म-अनुभूति का सही एवं सरल रास्ता है, शरणागति ही सबसे सरल तरीका है।"

राज को अपने पापा से क्रिसमस उपहार के रूप में दो बक्से प्राप्त हुए। एक बक्सा सफेद रंग का था, जो स्वर्ण रंग की मीनाकारी और कीमती पत्थरों से सुसज्जित था। दूसरा बक्सा काले रंग का था। रोमांचित होकर उसने सबसे पहले सफेद बक्से को खोला और उसे खाली पाकर आश्चर्यचकित हो गया। राज ने पापा की ओर प्रश्न भरी निगाह से देखा। पापा ने कहा, ''बेटा, यह बक्सा अपनी खुशियों को इकट्ठा करने के लिए एवं अपने आशीर्वादों की गिनती करने के लिए है।''

व्याकुल होकर वह काले बक्से को खोलने के लिए बढ़ा। यह देखकर उसे और भी आश्चर्य हुआ कि यह बक्सा भी खाली था। साथ ही इस बक्से के तले पर एक छेद देखकर वह और भी चकित हुआ। वह बोला, ''पापा, आपने मुझे छेद वाला बक्सा क्यों दिया?'' पापा ने उत्तर दिया—''बेटा, यह बक्सा सभी दुःखों को एकत्र करने के लिए है।'' ''और यह छेद?'' उसने पूछा। इस पर पिता ने कहा, ''वह इसलिए कि तुम्हारे दुःख खुद-ब-खुद इसमें से बाहर गिर जाएँ।''

राज ने पिता की बातों को गंभीरता से लिया। जब कभी उसे कोई समस्या होती, वह उसे कागज के टुकड़े पर लिख देता, काले बक्से को खोलता और समस्या को उसमें डाल देता। जल्द ही समस्या उसके जीवन से गायब हो जाती। वह अपने वरदानों को भी कागज पर लिखकर सफेद बक्से में डालना नहीं भूलता था। राज ने उन दोनों बक्सों को जीवन भर, एक बहुमूल्य खजाने की तरह सँभालकर रखा।

उसका ईश्वर पर एवं अपने पिता के शब्दों पर ऐसा भरोसा रहा कि वे बक्से उसके जीवन का अभिन्न अंग बन गए। वह उन बक्सों से कुछ इस तरह बातें करता था मानो वे जीवित हों। वे उसके अंतरंग एवं गोपनीय राजों को जानने वाले उसके निकटतम मित्र थे। स्वाभाविक रूप से सफेद बक्सा दिनोदिन भारी होता चला गया और काला बक्सा हमेशा की तरह हल्का ही रहा।

यदि हम इसके बारे में विचार करें, ईश्वर के द्वारा हम सभी को दो बक्से दिए गए हैं। जैसे-जैसे हम जीवन के उत्तार-चढ़ावों में से गुजरते हैं, हमें अपने सफेद बक्से को अपनी खुशियों का खाता लिख-लिखकर भरते रहना चाहिए। इसके साथ-साथ हमें यह भी ध्यान रखना चाहिए कि काला बक्सा हमेशा की

तरह खाली ही रहे। यह तभी हो सकता है, जब हम अपनी समस्याओं को भगवान् को समर्पित कर दें और उनसे आग्रह करें कि वे, हमारे काले बक्से से दु:खों की पर्चियाँ बाहर निकालते रहें।

भगवान् की असीम कृपा की गिनती करके आभार व्यक्त करते रहें और उसे अपनी मूल्यवान संपत्ति मानकर सँभालकर रखें। यह भी ध्यान रखें कि काले बक्से का छेद कभी बंद न हो; वह छेद बहुत जरूरी है। ईश्वर को सब कुछ समर्पित कर दें। भगवान् को अपने जीवन का साथी बना लें, क्योंकि सिर्फ वे ही जानते हैं कि दु:खों को सुख में कैसे परिवर्तित किया जा सकता है। केवल प्रभु ही जानते हैं कि क्या देना चाहिए और क्या छीनना चाहिए, क्या बनाना चाहिए और क्या नष्ट करना चाहिए। एक साधारण सा मंत्र है, ''यदि आप प्रत्येक चीज को प्रभु को समर्पित करते हैं, चाहे वह चीज कितनी भी महान् या न्यूनतम क्यों न हो, सफलता आपके कदम चूमेगी।''

3

ए.बी.सी.

"आप ईश्वर के जितने नजदीक हो,
ईश्वर भी आपके उतने ही करीब है।"

♥U
KA
a b c d
e f g h
i j k l
m n o p
q r s t
u v w x
y z
I ♥ U
KANIKA

कनिका आज चार वर्ष की हो गई थी। वह बहुत खुश थी और अपने जन्मदिन पर स्कूल के साथियों को बाँटने के लिए एक बड़े से थैले में गिफ्ट लेकर जा रही थी। क्लास टीचर के पीछे-पीछे सभी बच्चे मिलकर गा रहे थे, "हैप्पी बर्थडे टू यू, कनिका।"

यह जन्मदिन कनिका और उसके परिवार के लिए बहुत खुशनुमा और आनंददायी था। रात को सोने से पहले कनिका से उसकी माँ ने पूछा, "बिटिया, क्या तुम खुश हो?" "हाँ माँ, आपने मुझे इतने सुंदर खिलौने लेकर दिए और पापा ने मुझे नए कपड़े लेकर दिए। मेरे जन्मदिन को इतना खुशनुमा बनाने के लिए आपका धन्यवाद।" कनिका की माँ ने अपनी छोटी सी बेटी को अपनी बाँहों में भर लिया और फिर गंभीरता से बोली, "क्या तुम्हें नहीं लगता कि किसी और को आभार प्रकट कर उसका धन्यवाद किया जाना भी जरूरी है?" कनिका ने कुछ सोचते हुए उत्तर दिया—"मुझे तो ऐसा नहीं लगता! क्या मैं किसी को भूल गई हूँ?" तब मम्मी ने उत्तर दिया, "तुम ईश्वर को धन्यवाद देना भूल गई हो।" कनिका खेदपूर्वक मम्मी की ओर देखते हुए बोली—"जी मम्मी, मैं अभी उनका धन्यवाद करती हूँ। क्या मुझे उनके लिए धन्यवाद-कार्ड बनाना चाहिए?"

"क्या तुम जानती हो कि उसे कैसे बनाया जाता है?" "हाँ, हमारी टीचर ने स्कूल में हमें यह सिखाया है," उसने कहा। फिर वह छोटी सी बच्ची अपनी स्टडी टेबल की कुरसी पर बैठकर, एक सफेद कार्ड पेपर को बीच से मोड़ती है; और कार्ड के बाहरी हिस्से में, एक छोटी लड़की की तसवीर बनाती है। यह चित्र कनिका की प्रतिकृति है। उसने सुंदर सफेद फ्रॉक पहनी हुई है। उसके बाल दो चोटियों में बँधे हुए हैं और उसके चेहरे पर एक सुंदर सी मुसकराहट है।

उसने अंदर लिखने के लिए कार्ड को खोला। कुछ क्षण उसने सोचा कि वह यह कार्ड अपनी मम्मी को सौंप दे, ताकि वे इस पर कोई अच्छा सा संदेश लिख दें, लेकिन फिर तत्क्षण उसके मन में एक अन्य विचार आया। उसने उसमें A, B, C, D, E, F, G, H, I, J, K, L, M, N, O, P, Q, R, S, T, U, V, W, X, Y, Z लिखा। उसके नीचे आई लव यू लिखा और उस पर अपना हस्ताक्षर किया, फिर उसने उस कार्ड को अपनी मम्मी को दिखाया। मम्मी

ने उसकी तरफ प्रश्नवाचक नजर डालते हुए देखा कि उसने कार्ड के अंदर वर्णमाला क्यों लिखी हुई थी। कनिका ने कहा, ''मम्मी, मैं तो अभी केवल वर्णमाला ही लिखना जानती हूँ। मैंने अभी तक शब्दों को लिखना नहीं सीखा है!'' ''हाँ बिटिया, किंतु ईश्वर क्या सोचेंगे?'' ''उन्हें तो सभी शब्दों की जानकारी है, वह इस वर्णमाला से जो शब्द बनाना चाहेंगे, बना लेंगे!''

यही हृदय की आवाज है। सरल, साधारण और पवित्र। संदेश पहुँचा दिया गया था। शब्दों का कोई महत्त्व नहीं था। हमारे प्यारे भगवान् बाबा कहते हैं कि ''भाषा तो केवल एक ही है; हृदय की भाषा।''

4

केवट,
एक नाव चालक

''यदि आप ईश्वर को प्रभावित करना चाहते हो, तो प्रेम और केवल प्रेम ही, उन्हें भेंट करो।''

यह एक नाव चालक की कहानी है, जिसका नाम केवट था, जिसका चित्रण महान् महाकाव्य रामायण में किया गया है। जब भगवान् राम को चौदह वर्ष का वनवास दिया गया, तब उन्होंने अपनी पत्नी सीता और भाई लक्ष्मण के साथ, अयोध्या का त्याग कर दिया। वन प्रस्थान करने के उपरांत, उन्हें एक जगह पर गंगा नदी को पार करना था। तब उन्होंने नदी के उस पार उतरने के लिए, नाविक केवट से निवेदन किया। नाविक ने पहले तो ऐसा करने से साफ इनकार कर दिया, क्योंकि उसने सुन रखा था कि भगवान् राम के पाँव शिला पर पड़ जाने से वह शिला, स्त्री रूप में परिवर्तित हो गई थी (यह कहानी अहिल्या की है)। नाविक ने कहा कि यदि उसकी नाव भी स्त्री बन गई, तो ऐसी स्थिति में वह अपनी आजीविका चलाने के लिए क्या करेगा? भगवान् राम ने उसकी आशंका को दूर किया, तब जाकर नाविक उन्हें नदी के पार उतारने को राजी हुआ।

नाव से उतरते ही भगवान् राम ने अपनी पत्नी सीता की ओर इस तरह से देखा मानो पूछ रहे हों कि उसके पास गरीब केवट को उतराई देने के लिए कुछ है? राम चूँकि तपस्वी की पोशाक में थे, उनके पास कोई कीमती वस्तु नहीं थी, जिसे नाविक को दिया जा सके। सीता ने तत्काल अपनी अँगुली से एक अँगूठी निकालकर राम को दी और राम को इशारा किया कि वे उस अँगूठी को केवट को उतराई के रूप में दे दें।

भगवान् राम : लो भइया, आपके द्वारा की गई सेवा के लिए जो कुछ हम दे सकते हैं, उसे कृपा करके स्वीकार करो।

केवट : (सिर हिलाकर) नहीं मेरे प्रभु! मैं आपकी यह भेंट स्वीकार नहीं कर सकता।

भगवान् राम : क्यों?

केवट : क्योंकि एक ही व्यवसाय के लोग, आपस में सेवा देने के लिए कोई प्रतिदान नहीं लेते।

भगवान् राम : ओह!

केवट : एक नाई दूसरे नाई से उसके बाल काटने के लिए उससे कोई भुगतान नहीं लेता।

भगवान् राम : तो?

केवट : एक धोबी किसी दूसरे धोबी के कपड़े धोने के लिए, कोई भुगतान नहीं लेता।

भगवान् राम : तुम्हारे कहने का अभिप्राय क्या है ?

केवट : हे प्रभु, सामान्य व्यवसाय करनेवाले व्यक्ति, परस्पर सेवा के बदले कोई भुगतान नहीं लेते। इसलिए मैं आपसे उतराई कैसे ले सकता हूँ ?

इस व्यर्थ के वार्त्तालाप पर अपना क्रोध प्रकट करने के लिए लक्ष्मण कुछ कदम आगे बढ़े। भला भगवान् राम का और एक मामूली से खेवैया का व्यवसाय एक सामान कैसे हो सकता है ? किंतु भगवान् राम ने लक्ष्मण की ओर एक नजर देखकर, उसे निःशब्द कर दिया। राम ने केवट की ओर करुणा दृष्टि से देखा, जो कि हाथ जोड़कर घुटनों के बल बैठा था।

भगवान् राम : भाई, मैं और तुम, दोनों एक ही व्यवसाय के कैसे हो सकते हैं ? आप एक नाविक हैं और मैं…

केवट : प्रभु, हम दोनों एक ही कार्य तो करते हैं। मैं गंगा नदी के एक किनारे से दूसरे किनारे तक लोगों को पार लगाता हूँ, जबकि आप लोगों को संसार रूपी भवसागर से पार लगाते हैं। आप ही बताइए मैं आपसे भुगतान कैसे ले सकता हूँ ?

भगवान् राम केवट की भावपूर्ण बातों को सुनकर इतने भावुक हो गए कि उन्होंने अपनी बाँहें फैलाकर नाविक को गले से लगा लिया।

एक भक्त को भगवान् को खोजने के लिए कहीं बाहर नहीं जाना पड़ता। भगवान् स्वयं सच्चे भक्तों की तलाश में रहते हैं। यदि हम भगवान् की ओर प्रेम का मामूली झुकाव भी रखते हैं, तो भगवान् अपने प्रेम की वर्षा हम पर करते हैं। यदि हम तनिक भी चेष्टा करते हैं कि भगवान् हमें रास्ता दिखाएँ और हमारी अगुवाई करें, तो वह हमारे जीवन रूपी रथ की बागडोर स्वयं सँभाल लेते हैं, जैसे कि भगवान् कृष्ण ने अर्जुन के रथ की लगाम को सँभाला। वही तो हमारे जीवन को उसके चरम लक्ष्य तक पहुँचा देते हैं।

5

कला-परीक्षा

"मनुष्य के जीवन में आनेवाले उतार-चढ़ाव को ईश्वरीय इच्छा मान लेना सही नहीं है। ये हमारे दृढ़-संकल्प की कमी या वृद्धि का परिणाम होते हैं।"

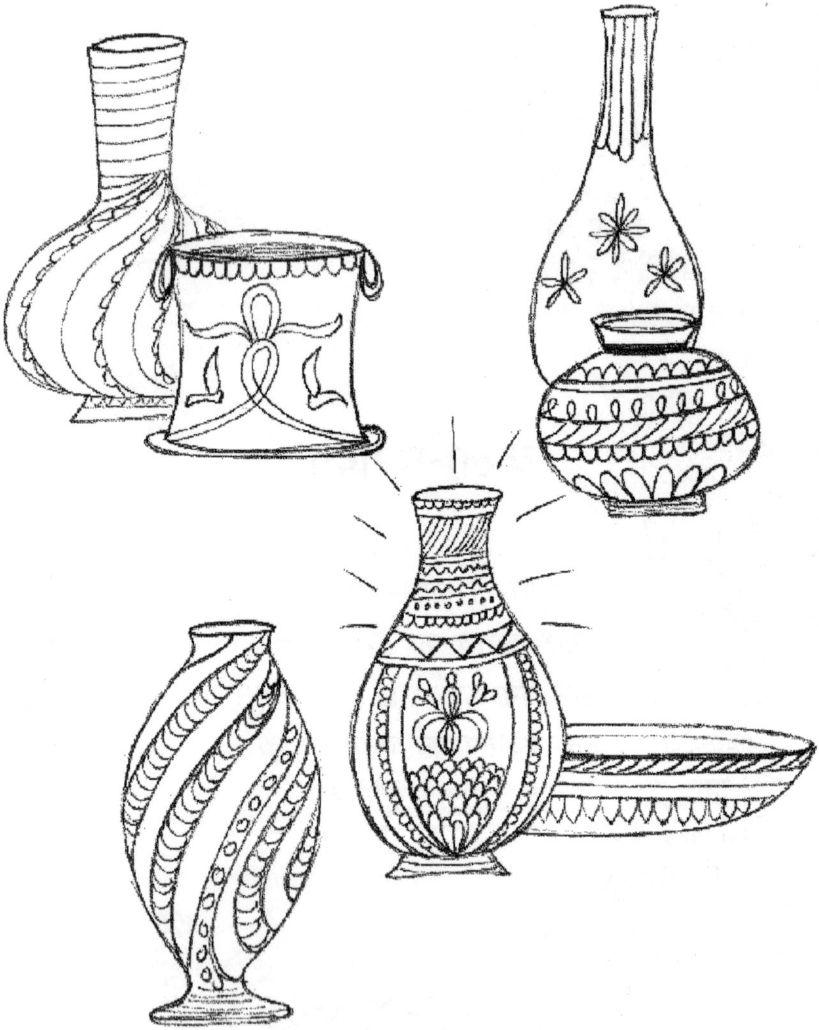

कला-परीक्षा

कला के एक शिक्षक को अपनी कक्षा के छात्रों की परीक्षा लेनी थी। उन्होंने हाल ही में निर्जीव वस्तुओं के चित्रों के संबंध में विस्तार से पढ़ाया था। शिक्षक ने परीक्षा के संबंध में कहा, ''तुम सभी इस पर अपने-अपने घर में या विद्यालय में अपना काम कर सकते हो। मैं तुम सबको दो समूहों में बाँट रहा हूँ। ग्रुप 'ए' का हर एक छात्र एक ही बरतन की रँगाई (पेंटिंग) करके अपनी कला को प्रदर्शित करेगा। ग्रुप 'बी' के छात्र, जितने बरतन चाहें उतने की रँगाई (पेंटिंग) कर सकते हैं। तुम सब अपनी कलाकारी के प्रमाण एक सप्ताह बाद पेश कर सकते हो। मैं तुम्हें 100 में से नंबर दूँगा।''

इसके बाद सभी छात्रों ने सर्वोच्च स्थान हासिल करने के लिए पूरा हफ्ता कठिन मेहनत की। ग्रुप 'ए' के हर छात्र को मात्र एक ही बरतन तैयार करना था, इसलिए उन्हें अपने कार्य को करने के लिए पर्याप्त समय मिला और उन सबने अपने काम को बहुत सुंदर करने का प्रयत्न किया। परिणामस्वरूप, कुछ बेहतरीन कलाकृतियों की रचना संभव हो पाई।

ग्रुप 'बी' के छात्र एक बरतन को तैयार करने के बाद दूसरे, फिर तीसरे पर कलाकृति बनाते रहे। हफ्ता बीतते-बीतते कुछ ने 5 बरतन, तो कुछ ने 6 बरतन, जबकि कुछ ने इससे भी अधिक बरतन प्रस्तुत किए। शिक्षक ने सभी प्रविष्टियों को एकत्रित किया और उन को जाँच कर नंबर लगाने के लिए बैठ गए।

दूसरे दिन शिक्षक ने सभी छात्रों को दिए गए अंकों को पढ़कर सुनाया। आपके विचार से किस ग्रुप ने बेहतर कार्य किया होगा? किस ग्रुप ने दूसरे ग्रुप को हराया होगा? विवेकपूर्ण ढंग से सोचने वाले कहेंगे कि चूँकि ग्रुप 'ए' के छात्रों को एक बरतन में ही एकाग्रता से काम करने का मौका मिला और उन्होंने मात्र एक बरतन में ही अपना पूरा समय और ऊर्जा को नियमित रूप से सँजोया। स्वाभाविक रूप से इस ग्रुप ने ग्रुप 'बी' से ज्यादा बेहतर काम किया होगा।

मगर फैसला ग्रुप 'बी' के पक्ष में आया। आइए देखें, ऐसा क्यों हुआ। एक के बाद दूसरे बरतन की पेंटिंग अर्थात् क्रमिक रँगाई से हर छात्र को अधिक-से-अधिक अभ्यास करने का अवसर प्राप्त हुआ। नए-नए विचार उपजते रहे और हाथ भी काम में अधिक अभ्यस्त होते चले गए। बाद के हर बरतन की पेंटिंग पहले से बेहतर होती चली गई। इस ग्रुप के अधिकतर छात्रों

द्वारा पेंट किए गए बरतन में अंतिम बरतन बेहतरीन थे और ये ग्रुप 'ए' के छात्रों द्वारा बनाए गए बरतनों से भी बेहतर पाए गए।

कई बार या अकसर लगातार अभ्यास करना ही, मनुष्य को श्रेष्ठ बनाता है। एक कलाकार के लिए उसकी प्रत्येक अगली रचना, उसकी तरक्की में सहयोग प्रदान करती है। इस से वह ज्यादा-से-ज्यादा परिपक्व होता जाता है। विद्यार्थी को परिपूर्णता हासिल करने के लिए अपनी पाठ्य-पुस्तक को लगातार दोहराते रहना पड़ता है, तब वह पहले से बेहतर बनता है। कर्मचारी को एक ही काम को लगातार, बार-बार करना होता है तब वह उसमें पूर्णता प्राप्त कर पाता है।

उठो और काम करो। अपने समय को आलस्य में मत गँवाओ। यदि आप असफल हो गए हो, तुरंत फिर से उठो, और अधिक कड़ी मेहनत करो। याद रखो, हर सफलता एक छोटी असफलता होती है, जिसने हार न मानने का फैसला किया था। जहाँ तक संपूर्णता का संबंध है, याद रखो कि जो भी यथाशक्ति करने लायक है, उस पर पूरा जोर लगा दो। अंततः आप जो कुछ भी करें, उसमें अपनी सबसे बेहतरीन कोशिश करें।

6

मोची

"जितना कम सामान होगा, उतना सफर आसान होगा (सफर चाहे ट्रेन का हो या जिंदगी का)"

चंडीगढ़ शहर में दीनू नाम का एक मोची रहता था। वह बहुत मेहनती और कार्यकुशल था, लेकिन जन्म से ही गूँगा था। उसके ग्राहक अपने फटे-पुराने हैंडबैग और जूते दीनू के आने तक अलग रख देते थे। एक दिन संजय अपनी अल्मारी की सफाई कर रहा था और कुछ पुराने कपड़ों और जूतों की छँटनी कर रहा था। उसने दीनू के लिए एक पाजामा और एक जोड़ी चप्पल, यह सोचकर अलग रख दिया कि आज-कल में, जब दीनू आएगा, तो उसे दे देगा। ठीक मंगलवार को घंटी बजी और दीनू मुसकराता हुआ दोनों हाथ जोड़कर, दरवाजे पर यूँ खड़ा हुआ था, मानो कह रहा हो, ''महोदय, मैं आपकी सेवा में हाजिर हूँ।''

संजय की माँ एवं बहनों ने अपने-अपने जूते, जिनको मरम्मत की आवश्यकता थी, उसके सामने रख दिए और दीनू अपने काम में व्यस्त हो गया। वह घर के बाहर, आँगन में बैठकर मरम्मत का काम करने लगा। संजय ने उसे अपना पुराना पाजामा दिया और कहा, ''दीनू, यह तुम्हारे लिए हैं; यह तुम्हारे नाप का ही होगा, तुम इसे पहन लेना।'' दीनू मुसकराया और जो कपड़े उसने पहने हुए थे, उनको चुटकी काटते हुए, अपने दूसरे हाथ से कुछ इस तरह इशारा किया मानो कह रहा हो, ''मेरे पास दो जोड़ी कपड़े हैं।'' उसके बाद संजय के हाथ में दिए गए कपड़ों के पैकेट को वापस थमा दिया और अपने हाथों को लहराते हुए सूचित किया कि उसके पास इन कपड़ों का कोई उपयोग नहीं है। संजय ने आश्चर्यचकित नजरों से उसे देखा और कहा, ''ठीक है, तो तुम्हारे पास पहले से ही दो जोड़ी कपड़े हैं, लेकिन मुझे खुशी होगी, यदि तुम इन कपड़ों को भी रख लो।'' दीनू ने अपने गले में लटकाने वाले बैग को खोला और बैग के अंदर अच्छी तरह से तह करके रखे हुए साफ-सुथरी पैंट की जोड़ी को दिखाया और फिर अपनी अंगुलियों के इशारे से कहा, ''मैंने एक जोड़ी कपड़े पहन रखे हैं, और इनके अतिरिक्त, एक जोड़ी पहले से ही मेरे बैग में है। मेरी जरूरत के लिए इतना पर्याप्त है।''

संजय ने यह जान लिया कि वह कपड़ों को स्वीकार करने को राजी नहीं होगा, तो उसने उसे अपनी पुरानी चप्पल की जोड़ी देकर कहा, ''ठीक है दीनू, तुम इनका उपयोग तो कर ही सकते हो।'' दीनू ने अपने जूतों की ओर इशारा करते हुए समझाया कि उसने जूते पहने हुए हैं, और कुछ इस तरह मुसकराया

मानो उसकी आँखें कह रही हों कि "मेरे पास ये हैं।" संजय ने कहा, "लेकिन जब यह खराब हो जाएँगे, तो तुम्हें एक और जोड़ी की जरूरत तो पड़ेगी।" उसने अपने हाथों को हिलाते हुए अपने औजारों वाले थैले की ओर इशारा किया और फिर इशारे से बताया कि यदि उसके जूतों को मरम्मत की जरूरत पड़ेगी, तो मरम्मत करने के सारे साजो-सामान उसके पास मौजूद है और वह आसानी से यह कर सकता है।

ठंडी साँस भरते हुए, संजय ने कपड़े एवं चप्पल की जोड़ी को वापस लिया, "हाँ," उसने एहसास किया। यही मनुष्य की मूलभूत आवश्यकताएँ हैं, किंतु हमारी इच्छाओं का कोई अंत नहीं है। दीनू हम लोगों की तुलना में अधिक ज्ञानवान और संतुष्ट है। वह अपनी गिनी-चुनी सांसारिक आवश्यकताओं को अपनी पीठ पर लाद-कर चलता है। जहाँ रात होती है, वहीं सो जाता है; जैसे धरती ही उसका बिछौना और आकाश के तारे ही उसकी ओढ़नी या कंबल हों। उसके थके हुए जिस्म को रात्रि की ठंडी हवा दुलार करती है, और मानो रात में झींगुरे उसे लोरी गाकर सुलाते हैं। हमारी अपेक्षा उसे कहीं अधिक गहरी व बेहतर नींद आती होगी। हम सबको भी अपनी इच्छाओं पर नियंत्रण करना चाहिए। हम अपनी इच्छाओं के जितना अधिक वशीभूत होते हैं, वे अपने जबड़े को उतना ही अधिक खोलकर बलवान होती जाती हैं। यदि हमारी आवश्यकताएँ कम-से-कम हों, हम चिंतामुक्त होते हैं और स्वयं में शांति का अनुभव करते हैं। भगवान् बाबा ने बहुत साधारण व सुंदर ढंग से समझाया है; जब भक्त कहता है, "मैं शांति चाहता हूँ।" भगवान् उत्तर देते हैं, "मैं" अहम भाव का परिचायक है और "चाहता हूँ," इच्छाओं का प्रतीक है। दोनों का त्याग कर दो, तो क्या बचेगा? शांति!

7

परिवार बनाम अन्य

''जब परिवार में सामंजस्य और मेल–मिलाप की भावना होती है, तो फिर समाज, देश और दुनिया में शांति का फैलाव होता है।''

राजीव को काम पर जाने में देर हो रही थी। समय पर नाश्ता तैयार न कर पाने के लिए वह अपनी पत्नी को डाँट रहा था, "क्या तुम्हें मालूम नहीं है कि मुझे 10 बजे बैठक में उपस्थित होना है? मेरी कॉफी तैयार क्यों नहीं है?"

उसे रास्ते में अपनी बेटी को प्ले-स्कूल में छोड़ना था। बच्ची को अभी अपने जूते भी पहनने थे। वह चिल्लाया, "मैं तुम्हारे लिए दिनभर इंतजार नहीं कर सकता। यदि तुम मेरे साथ आना चाहती हो तो एक सेकेंड में कार में आ जाओ, वरना मैं तुम्हें छोड़कर चला जाऊँगा।" वह बहुत तेज रफ्तार से गाड़ी चलाकर स्कूल पहुँचा और ज्यों ही बच्ची कार से उतरी, उसने कार के दरवाजे को जोर से बंद किया। उसने बच्ची को बाय-बाय करना या फिर प्यार से विदा करना भी जरूरी नहीं समझा।

जितनी जल्दी हो सका, वह कार्यालय पहुँचा। दरवाजे पर अपने मालिक की पत्नी से अचानक मुलाकात हो गई। वह बोली, "राजीव, क्या तुम मुझे किटी पार्टी की जगह पर छोड़ सकते हो? ड्राइवर ने आज छुट्टी ले रखी है और मेरे पति बहुत व्यस्त हैं।" राजीव नम्रतापूर्वक मुसकराते हुए बोला, "जरूर मैडम, आप बस थोड़ी देर इंतजार कीजिए, मैं अभी अपनी कार लेकर आता हूँ।" फिर उसने उनको उस स्थान पर पहुँचा दिया, जो कि कार्यालय से कुल 10 मिनट की दूरी पर स्थित था। मैडम ने कार से उतरते वक्त उसे धन्यवाद दिया, वह मुसकराकर बोला, "यह तो मेरा सौभाग्य है मैडम!"

जब वह लौटा, तब तक 10 बजकर 30 मिनट हो रहे थे। वह अपने कमरे की ओर तेजी से बढ़ा। जल्दबाजी में वह एक अजनबी से टकरा गया, जिससे उसकी फाइलें जमीन पर गिर गईं, उसने अजनबी की फाइलें उठाईं और बड़ी विनम्रता से कहा, "मुझे माफ करना। कहीं आप को कोई चोट तो नहीं लगी?" शाम को जब वह घर लौटा तो उसकी बेटी बोली, "पापा, थोड़ा सा केक खाकर देखिए।" उसने केक को मुँह में डाला और बोला, "ओहो, यह तो बहुत ही बेस्वाद है, क्या इसे तुम्हारी मम्मी ने बनाया है?" छोटी बच्ची बोली, "नहीं पापा, इसे रीना आंटी ने भेजा है।"

थोड़ी देर में फोन की घंटी बजी। रीना ने राजीव की पत्नी से बात करने के लिए फोन किया था। जैसे ही राजीव ने फोन उठाया, उसने कहा,

"ओह, नमस्ते रीना! इतना बढ़िया केक भेजने के लिए धन्यवाद। मुझे बहुत ही स्वादिष्ट लगा। जरा रुकना, मैं उसे बुलाता हूँ।"

रात को भोजन के पश्चात् उसकी पत्नी ने कहा, "चलो, आइसक्रीम खाने के लिए हम बाहर चलें। काफी दिन हो गए, हम कहीं बाहर नहीं गए हैं। हमारी बिटिया भी घूमने जाना चाहती है।" "नहीं," राजीव ने कहा, "मैं थका हुआ हूँ, मैं सोना चाहता हूँ।" दस मिनट के अंतराल में ही राजीव की चचेरी बहन अपने परिवार के साथ राजीव के घर आ गई। वह बोली, "नमस्ते राजीव! चलो कॉफी पीने के लिए बाहर चलते हैं, बच्चे भी आइसक्रीम खा लेंगे। आओ, सभी मिलकर चलेंगे तो मजा आएगा।" राजीव उठा और बोला, "हाँ, हाँ, चलो चलते हैं।"

हमारे जीवन में भी अकसर ऐसा होता है। हम अपने सगे-संबंधियों के साथ कितना रूखा-सूखा व्यवहार करते हैं। जब कि वे हमें सबसे ज्यादा प्यार करते हैं। और हमारी जिंदगी में जिन लोगों की कोई खास भूमिका नहीं है, उनके साथ कितना अच्छा व्यवहार करते हैं। क्या यह सही है? इस बारे में सोचिए और इस की तुलना कीजिए कि हम कैसा व्यवहार करते हैं और हमें कैसा करना चाहिए।

आपके परिवार को ही पहली प्राथमिकता मिलनी चाहिए, क्योंकि वे ही हैं, जो आपके बुरे दिनों में भी आपके साथ खड़े रहते हैं। परिवार केवल एक व्यक्ति, उसकी पत्नी और उनके बच्चों के साथ-साथ रहने को ही नहीं कहा जाता है। वास्तव में परिवार का अर्थ है—'माँ एवं पिताजी, मुझे आप से प्यार है।'

8

गरीब रिश्तेदार

''प्यार करना, ध्यान रखना, इज्जत देना, सीखना और जिंदादिल रहना, इसी का नाम जीवन है।''

एक अमीर आदमी अपने आठ वर्षीय बेटे को एक दूर के रिश्तेदार के यहाँ उनके फार्म हाउस पर मिलाने के लिए ले गया। उसने कहा, ''बेटे, मैं चाहता हूँ कि तुम हम लोगों के जीवन और गाँव के लोगों के जीवन के अंतर को देखो और महसूस करो कि अमीर और गरीब के जीवन में क्या अंतर है।'' वे उस फार्म हाउस पर एक सप्ताह तक रहे। उन्होंने देखा कि किसान खेतों में कैसे हल चलाते हैं और कैसे गाय का दूध निकालते हैं। उनका बेटा मुरगियों के पीछे दौड़कर और उनके अंडे इकट्ठे करके बहुत आनंदित हुआ। वे दाल और रोटी का साधारण भोजन बाड़े के आँगन में फर्श पर पालती मारकर, सभी के साथ बैठकर, मिल-बाँटकर खाते और उसका आनंद लेते।

घर लौटते हुए रास्ते में पिता ने पुत्र से पूछा, ''क्या तुमने देखा कि गरीब लोग कैसे रहते हैं?'' विचार भरी आँखों से देखते हुए बेटे ने जवाब दिया, ''हाँ पापा, मैंने महसूस किया कि हम कितने गरीब हैं।'' यह सुनकर वे आश्चर्यचकित रह गए! निश्चित ही उन्होंने गलत सुना था।

बेटे ने कहा, ''मैंने देखा कि हमारे पास केवल वातानुकूलित कमरे हैं, जबकि उनके पास वातानुकूलित गाँव है। मैंने देखा कि हम दूध के 6 पैकेट खरीदते हैं, जबकि उनके पास दूध देने के लिए 6 गाय हैं।

''मैंने देखा कि हमारे घर के पीछे एक छोटा सा आँगन है, परंतु उनके पास कई एकड़ जमीन है। मैंने देखा कि तारों को देखने के लिए हमें अपने घर की छत पर जाना पड़ता है, वे सारी रात और घर के किसी भी हिस्से में बैठकर तारों को देखकर उनका आनंद ले सकते हैं। मैंने देखा कि हम पैकेट से ब्रेड खाते हैं और उसमें मक्खन की हल्की सी परत लगाते हैं, जबकि वे अपने घर में बनी हुई ताजा चपातियों को घर में बनाए गए शुद्ध एवं ताजे मक्खन को भरपूर डालकर उसके साथ खाते हैं।

''मैंने देखा कि आप अपने ट्रेडमील में भागकर व्यायाम करते हैं, जबकि वे अपनी जमीन पर कहीं भी दौड़ लगा सकते हैं। मैंने देखा कि जब हमें तैरना होता है तो हम स्वीमिंग पूल में जाते हैं, जबकि उनके पास अपनी स्वयं की नदी है। मैंने देखा कि हम अकसर यह कहते हैं कि मैं तुम्हें प्यार करता हूँ, जबकि वे लोग सचमुच में प्यार करना जानते हैं और उसे अपने व्यवहार से दूसरों को महसूस कराते हैं।

"आज मैंने समझ लिया कि हम लोग कितने गरीब हैं। क्या हम फिर कभी अपने अमीर रिश्तेदारों के घर पुनः जा सकते हैं?"

पिता के पास कहने के लिए शब्द नहीं थे। शहर में पैदा हुए उसके बेटे ने आज के आधुनिक जीवन की बनावट को महसूस किया था। यह सही है कि जो सादा जीवन जीते हैं, वे अधिक अमीर तथा सुखी हैं। उनके पास प्यार बाँटने के लिए पर्याप्त समय है। आज की आधुनिक जीवनशैली में हमारे पास दूसरों के लिए और कभी-कभी अपने लिए भी समय नहीं होता। हम लोगों की तुलना में चीजों को प्राथमिकता देते हैं। हम सुबह से लेकर शाम तक धन कमाने के लिए अत्यधिक परिश्रम करते हैं और इस आपाधापी में हम जीवन के मूल उद्देश्य को भी भूल जाते हैं।

'सादा जीवन और उच्च विचार' में ही अपार सुख है। आज एकांत में बैठकर अपने जीवन के बारे में सोचो। फिर इस साधारण प्रश्न का उत्तर पाने का प्रयत्न करो, "क्या मैं गरीब हूँ या अमीर?"

9

दिल्ली से लास एंजिल्स

''सबसे पहले बच्चों को यह संस्कार दीजिए कि वे अपने माँ–बाप का सम्मान करें। किशोरावस्था जीवन की वह अवस्था है, जब गलत आदतों के प्रति हल्का सा झुकाव भी बहुत नुकसानदेह हो सकता है।''

The Bhagwad
GITA

एक हफ्ते बाद अर्जुन का 18वाँ जन्मदिन था। उसने पिता से कहा कि उसे जन्मदिन पर उपहार के रूप में छुट्टियाँ मनाने के लिए लास एंजिल्स जाने दिया जाए। पिता ने कहा कि वे उसे वहाँ अवश्य भेजेंगे, किंतु इस समय वे आर्थिक रूप से कुछ तंग हैं, इसलिए उसे अगले वर्ष ही भेज पाएँगे। पुत्र ने हठपूर्वक आग्रह किया, किंतु पिता ने हामी नहीं भरी।

अर्जुन को पता चला कि उसके जन्मदिन पर उसके पिता ने छोटी सी प्रार्थना सभा का आयोजन किया है। सुबह जब वह कमरे से बाहर आया, उसने देखा कि उनके पुरोहित द्वारा पूजा और हवन की तैयारी की जा रही है। अर्जुन गुस्से से भर गया, उसने अपने पिता से कहा था कि वह अपने दोस्तों के साथ पार्टी करना चाहता है। अर्जुन पूजा के दौरान चिड़चिड़ा और क्रोधित था। पूजा के अंत में उसके पिता ने उसे उपहार दिया। अर्जुन ने मुसकराते हुए उपहार को खोला, किंतु यह क्या था?⋯श्रीमद्भगवद् गीता! यह कैसा उपहार था? यह उसे पसंद नहीं था। उसकी छुट्टी की ख्वाहिश का क्या हुआ? उसने उपहार को एक तरफ रखते हुए कहा, ''पापा, मुझे कॉलेज के लिए देर हो रही है। मेरा जाना ही बेहतर होगा।''

अर्जुन बाहर निकल गया और लौटकर घर नहीं आया। वह अपने पैरों पर खड़े होने के लिए हाथ-पैर मारने लगा। उसने अपनी पढ़ाई पूरी की और साथ-साथ पार्ट-टाइम काम भी करता रहा।

बहुत वर्ष बीत गए। वह अपने गृह-नगर से काफी दूर मुंबई में रहने लगा था। एक दिन उसने सड़क के किनारे से एक ठेलेवाले से केले खरीदे। ठेलेवाले ने पुराने अखबार से बने एक लिफाफे में केलों को डाल दिया। अर्जुन की आँखें अखबार में छपे एक चित्र पर ठहर गईं। वह एक रस्म-क्रिया (निधन उपरांत) की सूचना थी। वह चित्र उसके पिता का था। अपनी आँखों में आए आँसुओं के आवरण के बीच से उसने चित्र के नीचे लिखे संदेश को पढ़ा। तीन माह पहले पिताजी का निधन हो गया था। वह पश्चात्ताप से भर गया और उसकी आँखों से अश्रुधारा बह निकली।

अगले दिन वह अपने गाँव पहुँचा, जो कि दिल्ली की सीमा पर स्थित था। पुराने नौकर ने दरवाजा खोला। अर्जुन ने प्रत्येक चीज को वैसा ही पाया जैसा कि वह उसे याद थी। जब उसने अपने पिताजी के मेज की दराज को खोला, तो

उसमें वही भगवद्-गीता रखी हुई मिली। वह उसी चमकीले कागज में लपेट कर रखी हुई थी। उसने अनमने मन से उसे बाहर निकाला और सरसरी तौर पर उसके पन्नों को पलटने लगा। पन्नों को पलटते हुए, जब वह अंतिम पृष्ठ पर पहुँचा, वह अपनी आँखों पर भरोसा नहीं कर सका। क्योंकि वहाँ इसके साथ दिल्ली से लास एंजिल्स जाने और वापस आने के लिए हवाई-जहाज का टिकट रखा हुआ था। वह एक ओपन टिकट था, जिसमें यात्रा की तारीख अंकित नहीं थी। वह सिर पर हाथ धरकर बैठ गया और एक बच्चे की तरह फूट-फूटकर रोया।

जल्दबाजी में लिये गए निर्णय पर उसे बहुत पश्चात्ताप हुआ! वह समय को दस बरस पीछे कैसे ले जाए? उसके पिता उससे कितना प्यार करते थे! उसको खोकर वह कितना दुःखी हुए होंगे! किंतु अब बहुत देर हो चुकी थी। जिंदगी में कई चीजें हमारे दरवाजे पर दस्तक देती हैं। वे भले ही उस रूप में नहीं आतीं, जिस रूप में हम उनकी उम्मीद करते हैं। उन्हें पाना हमारे लिए संभव होता है, लेकिन उनके लिए बहुत प्रयास व कड़ी मेहनत करनी पड़ती है। यदि हम इस रहस्य को समझकर दूरदर्शी नहीं बन सकते, तो फिर कमी तो हमारी ही है न!

10

नारायण-सेवा

"वचनों की अपेक्षा उदाहरण ही सबसे अधिक शिक्षाजनक होते हैं।"

MANGOES

ऐसा कहा जाता है कि नर सेवा ही, नारायण सेवा है। एक अमीर जमींदार ने एक मंदिर में लंगर का आयोजन किया था। विशेष रूप से यह आयोजन गरीब लोगों के लिए था। उन्हें दाल, चावल, सब्जी और रोटी परोसी गई और अंत में सभी को एक-एक आम भी दिया गया। सैकड़ों लोग खाने के लिए पंक्ति में लगे। जमींदार ने रसोइयों से बहुत सारा भोजन तैयार करवाया था। इस आयोजन से उसे बहुत शांति का अनुभव हो रहा था।

जिस टोली को खाना परोसने का जिम्मा दिया गया था, उसमें उसका पुत्र भी शामिल था। लोग खाना खाने आते गए और फर्श पर बिछाई हुई चटाइयों पर पालथी मारकर भोजन करने लगे। पुत्र ने महसूस किया कि कुछ लोग, जो कि हाव-भाव से गरीब नहीं लग रहे थे, वे भी अन्य लोगों के साथ भोजन कर रहे थे। उसने अपने पिता से कहा, ''पिताजी, दूसरी कतार में बैठे उन तीन लोगों को देखिए, वे काफी संपन्न नजर आ रहे हैं। उन्हें आप यहाँ से चले जाने को क्यों नहीं कहते? हम लोग गरीबों को भोजन करा रहे हैं; इन लोगों को भोजन क्यों कराया जाए?'' पिता ने पुत्र को समझाया, ''हम अपना कर्तव्य कर रहे हैं। उन्हें जो अच्छा लगे, उन्हें करने दो। हम जो ठीक समझते हैं, वही करने तक हमारा संबंध और कर्तव्य सीमित है। तुम्हें इस संबंध में अब कोई और बात नहीं करनी चाहिए।''

पिता ने जो कुछ कहा, पुत्र को वह पसंद नहीं आया। किंतु अब उसके पास उनको भोजन परोसने के अलावा और कोई उपाय नहीं था। जब दिन ढलने को था, जमींदार के घर के दरवाजे पर खटखटाहट हुई। सामने जो आदमी था, वह उन तीनों में से एक था, जो उसके पुत्र को भाया नहीं था। जमींदार उसे देखकर आश्चर्यचकित हुआ। जो व्यक्ति दरवाजे पर खड़ा था, उसने कहा, ''महोदय, मैं एक बेरोजगार व्यक्ति हूँ। मैं स्वभाव से आलसी हूँ और कोई काम करना नहीं चाहता, आज सुबह मैंने ईश्वर से कहा, 'हे ईश्वर, यदि आज तुम मुझे बिना काम किए बढ़िया भोजन दोगे, तो मैं वादा करता हूँ कि मैं काम करना आरंभ कर दूँगा।' दोपहर को जब मैं मंदिर के सामने से गुजर रहा था, तो मैंने देखा कि आप मुफ्त में भोजन बाँट रहे हैं। भरपेट भोजन करके मेरा मन तृप्त हो गया, अब मुझे ईश्वर से किया गया वादा पूरा करना है। क्या आप मुझे कोई काम दे सकते हैं?'' जमींदार उसके भावपूर्ण वचन सुनकर बहुत प्रसन्न हुआ और उसने उसे रोजगार देने का फैसला कर लिया।

दूसरे दिन जमींदार मंदिर पहुँचा तो यह देखकर आश्चर्य से भर गया कि

दूसरा आदमी आज गरीब लोगों को भोजन करा रहा था जैसा कि कल उसने स्वयं किया था। वह उस व्यक्ति के पास पहुँचा और पूछने लगा, ''प्रिय बंधु, शायद आप वही व्यक्ति हैं न, जिसने कल यहाँ लंगर में भोजन ग्रहण किया था? फिर आज आप गरीब लोगों को भोजन कैसे करा रहे हैं? कृपया बताइए कि आप कौन हैं?'' उस व्यक्ति ने शरमाते हुए मुसकान भरी और कहा, ''मुझे आदत है कि कहीं पर भी मुफ्त भोजन मिल रहा हो तो मैं खा लेता हूँ। वास्तव में मैं धनवान हूँ, लेकिन स्वभाव से कंजूस हूँ। कल जब मैंने आपको गरीबों को भोजन कराते हुए देखा, तो मैंने सोचा कि आज तक मैंने अपनी समृद्धि को कभी भी किसी गरीब या जरूरतमंद के साथ नहीं बाँटा। आपको देखकर मुझे भी प्रेरणा हुई, इसलिए मैंने आज लंगर का आयोजन किया।''

जमींदार ने मंदिर के भीतर प्रवेश किया। वहाँ उसने देखा कि तीसरा व्यक्ति पूजा-अर्चना कर रहा है। वह भौचक रह गया, जब वह व्यक्ति उसके पास आया और बोला, ''महोदय, मैं आपको देखकर अत्यंत ही प्रसन्न हूँ। मेरी बहुत इच्छा थी कि मैं आपसे मुलाकात कर सकूँ। कल तक मैं बिल्कुल नास्तिक था। मेरे एक मित्र ने मुझसे कहा, 'ईश्वर को ऐसा क्या करना चाहिए, जिससे तुम्हें ईश्वर पर विश्वास हो जाए। मैंने मजाक में कह दिया कि यदि आज मुझे मुफ्त में खाने के लिए आम मिल जाए तो मुझे विश्वास हो जाएगा कि ईश्वर का अस्तित्व है।' संयोग से मैं कल भोजन प्राप्त करने के लिए कतार में शामिल हो गया। फिर जब मुझे भोजन के बाद एक आम दिया गया, तब मुझे एहसास हुआ कि ईश्वर ने ही मुझे यहाँ भेजा है। प्रभु ने मुझे अपना संदेश दिया, यही कारण है कि आज मैं यहाँ हूँ। आपका बहुत बहुत धन्यवाद।'' जमींदार की आँखों में खुशी के आँसू छलक आए। वह बोला, ''ईश्वर का बहुत-बहुत धन्यवाद। यदि मैं अपने पुत्र की बात को मानकर, कल इन तीन व्यक्तियों को फटकार लगा देता, तो आज जो ये तीनों कर रहे हैं, वह कभी न कर रहे होते।''

साईं बाबा ने बहुत सरल शब्दों में समझाया है, ''यदि मनुष्य दूसरों की अगुवाई करना चाहता है, तो उसे सबसे पहले अपने ऊपर और अपने मनोभावों पर नियंत्रण करना चाहिए, तथा अपनी आंतरिक वासनाओं पर नियंत्रण कर अपने मन को शांत बनाना होगा।''

11

पेंसिल

''यदि आप दूसरों के भले के लिए काम करते हो, तो तुम उनके नेता बन सकते हो।''

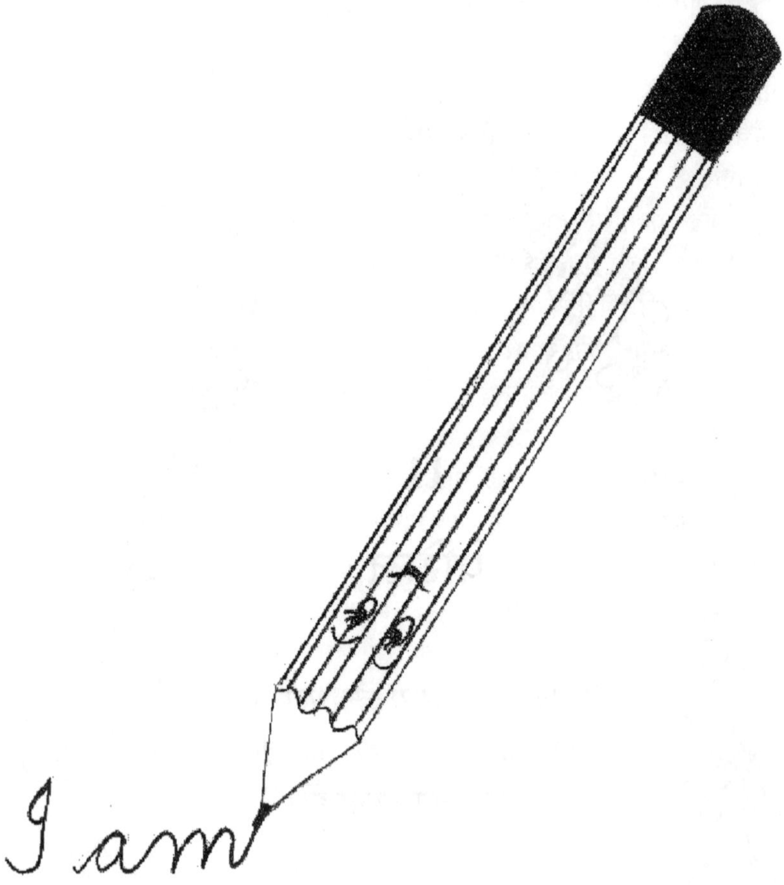
I am

संयोग से कुछ दिनों पहले हमें एक विद्वान् व्यक्ति से बहुत ही दिलचस्प बातें सुनने का अवसर मिला। अन्य चीजों के अतिरिक्त उन्होंने हमें पेंसिल के बारे में कुछ बातें बताईं। साधारण सी बातें; जिनके बारे में हम कभी सोचते भी नहीं, किंतु वे कितनी अर्थपूर्ण होती हैं। यह कोई कहानी तो नहीं है, पर फिर भी इन्हें हम आपके साथ साझा करना चाहते हैं।

जब एक पेंसिल का निर्माण पूरा हो जाता है, तो उसका निर्माता उसे डिब्बे में डालने से पहले कुछ निर्देश देता है। वे हैं—

1. तुम्हारा मालिक तुम्हें अपने हाथ में पकड़ेगा। विरोध करने या हाथ से फिसलने की कोशिश मत करना। तभी तुम्हें पकड़ने वाला तुम्हारे से प्रसन्न होगा। जब तक तुम्हें कोई अपने हाथ में नहीं लेगा, तब तक तुम कोई कार्य नहीं कर सकोगे।
2. समय-समय पर तुम्हें धारदार बनाने की आवश्यकता होगी। तुम्हारे सिर को एक छोटे से गुफायुक्त यंत्र (शार्पनर) में डाला जाएगा। उसमें एक ब्लेड लगा होगा। यह दर्दनाक होगा, किंतु उसके बिना तुम्हारा कोई उपयोग भी नहीं होगा।
3. याद रखना कि तुमसे गलतियाँ भी होंगी। तुम्हारा साथ एक रबर के साथ होगा। उसके साथ से तुम्हें अपनी गलतियों को सुधारने का अवसर प्राप्त होगा।
4. जब तुम्हारा सिर नीचे रहेगा, तभी तुम्हारा उपयोग हो सकेगा। जब तुम सिर ऊँचा करके खड़े रहोगे, तो तुम कुछ भी लिख नहीं पाओगे और किसी काम नहीं आओगे।
5. जो तुम्हारे अंदर है, वही तुम्हारा सबसे महत्त्वपूर्ण हिस्सा है, तुम्हारा बाहरी रूप सिर्फ एक आवरण है, जो तुम्हारे अंदर विराजमान सीसे की रक्षा के लिए है।
6. याद रखो, जहाँ भी जाओ, अपने पग-चिह्न छोड़ते जाना।

अच्छा! निर्देश तो समाप्त हुए, किंतु क्या सबक पूरा हुआ? नहीं, आगे पढ़िए,''' इन्हीं निर्देशों को अपने ऊपर लागू करके देखो, जैसे कि—

1. हरदम यह महसूस करो कि तुम्हें ईश्वर ने अपने हाथ में पकड़ा हुआ है। इसी जानकारी में संतुष्ट रहो, क्योंकि जब अपने हाथों में तुम्हें

पकड़ता है, तो तुम परम–आनंद में होते हो।

2. जीवन में कई बार तुम्हें मुश्किल स्थितियों से गुजरना पड़ेगा। यदि तुम बहादुरी से उनका सामना कर लोगे तो तुम अधिक बेहतर और समझदार इनसान बन जाओगे।
3. गलती करना मनुष्य के स्वभाव में है। गलतियों से घबराना नहीं। यदि तुम गिर भी जाते हो, तुरंत अपने घुटनों पर लगी धूल को झाड़कर उठ जाओ। तुम्हें आगे बढ़ना है। अपने आपको ईश्वर से जोड़ लो। ईश्वर के बिना तुम शून्य (जीरो) हो तथा उसके साथ होने पर तुम एक हीरो हो।
4. विनम्रता एक रत्न की तरह है, जो आपके व्यक्तित्व को निखारती है। अपने मस्तक को झुकाकर रखो। घमंड एक जानलेवा बीमारी के समान है।
5. तुम्हें अंदर से पवित्र होना चाहिए। पवित्र हृदय वाले मनुष्य को प्रभु के साथ या फिर प्रभु–प्रेमियों के साथ जुड़ने में व लगन लगाने में कोई समस्या नहीं होती। सांसारिक वासनाओं के पीछे मत भागो बल्कि अपने अंतर में मन लगाओ। एकाग्रचित्त होकर अपने भीतर ही ईश्वर की तलाश करो। वह तुम्हारे हृदय के भीतर ही मर्मस्थान पर बैठा है। यदि तुम उसे वहाँ नहीं पा सकते, तो उसे अन्यत्र कहीं भी नहीं पा सकोगे।
6. और हाँ, जहाँ भी जाओ, वहाँ अपनी छाप छोड़ते जाना। लेकिन याद रखना कि वह छाप अच्छाई की हो। जब तुम इस संसार में आए थे, तुम रो रहे थे और तुम्हारे चारों ओर लोग मुसकरा रहे थे। अपने जीवन को इस तरह जियो कि जब इस दुनिया को छोड़कर जाने का समय आए, तुम मुसकरा रहे हो और अन्य सभी रो रहे हों।

अब जब कभी तुम्हें पेंसिल का उपयोग करना पड़े, उससे शिक्षा ग्रहण किए बिना उसे किनारे नहीं कर देना। वह खामोश रहकर भी शांति और कोमलता के साथ कितने सुंदर ढंग से शिक्षा प्रदान कर जाती है।

12

लालची सूअर

''एकता से पवित्रता उत्पन्न होती है और पवित्रता से दिव्यता की उत्पत्ति होती है।''

यह कहानी बच्चों के लिए है। एक समय की बात है, एक बच्चे के शरीर के सभी अंग आपस में बात करने लगे कि उनमें से प्रत्येक अंग भोजन पाने के लिए कुछ न कुछ काम करता है, लेकिन पेट अकेला ही सब कुछ का उपभोग करता है। उन सब के विचार में, पेट अकेला ही बिना कुछ किए सभी फायदे ग्रहण करता था। हाथों ने कहा, ''हम भोजन के छोटे-छोटे हिस्से बनाकर मुँह में डालते हैं, लेकिन वे सभी पेट में चले जाते हैं।''

पैर फुसफुसाए, ''यदि हम तुम्हें उस स्थान पर न ले जाएँ, जहाँ भोजन रखा होता है, तो तुम कभी भोजन को प्राप्त कर पाने में सफल नहीं हो सकते।'' दाँतों ने शिकायत की, ''हम सब पदार्थों को काटने और पीसने का काम करते हैं, लेकिन हमारे पास कुछ भी शेष नहीं रहता।''

जीभ ने ठंडी आह भरकर कहा, ''मैं कुछ सेकंड उसका स्वाद भर ले पाती हूँ, तभी भोजन मुझसे नीचे सरक जाता है।''

दिमाग ने अपनी बुधिमत्ता जाहिर करते हुए कहा, ''अवश्य ही, लेकिन यदि मैं तुम सभी को ऐसा करने के लिए प्रेरित न करूँ, तो कुछ भी काम न होगा। मैं अधिकतम कार्य करता हूँ, किंतु मुझे कुछ नहीं मिलता।''

टाँगों ने कहा, ''यह पेट स्वयं कितना आलसी है।'' मुँह ने कहा, ''हाँ, वह तो लालची सूअर की तरह है। यही कारण है कि वह इतना मोटा है।'' अत: सबने लालची और मोटे पेट को सबक सिखाने का फैसला कर लिया। उन्होंने मिलकर तय किया कि वे उसे भूख से तड़पाएँगे।

टाँगों ने कहा, ''जो भी हो, हम भोजन तो क्या, भोजन-कक्ष के पास भी नहीं जाएँगे।'' हाथों ने कहा, ''यदि आप जाते हैं तो भी हम भोजन को नहीं उठाएँगे और उसे मुँह में नहीं डालेंगे।''

मुँह ने विद्रोही घोषणा की, ''यदि माँ जबरदस्ती भोजन मुँह में डालने का प्रयत्न करती भी है, तब मैं अपने होंठों को कसकर बंद कर लूँगा।'' मैं खाने से इनकार कर दूँगा। दाँत अपने को आपस में पीसते हुए गरजे, ''हम भोजन की पिसाई करने से मना कर देंगे। हम खाने की चबाई भी नहीं करेंगे।'' जीभ ने बहुत फुरती से कहा, ''और यदि माँ दूध पीने के लिए विवश करती है, तो मैं उसे निगलने से साफ इनकार कर दूँगी और उसे थूक दूँगी।''

तो बेचारे पेट के खिलाफ वे सब इकट्ठे हो गए। परिणामस्वरूप लड़का

सारा दिन भूखा रहा। दूसरे दिन माँ ने प्यार से समझाते हुए उसे कुछ स्वादिष्ट चॉकलेट-केक खाने के लिए दिया। उसके मुँह में पानी आ गया, लेकिन वह बहुत जिद्दी था। एक बचकाना सा विचार उसके दिमाग में आया। उसने केक को टुकड़े-टुकड़े कर दिया और एक-एक टुकड़ा अपनी टाँगों पर रख दिया। साथ ही गालों, भुजाओं, सिर और हाथों में यह कहते हुए रख दिया—''यह आप सबके आहार के लिए है।'' लेकिन भूखे शरीर को इससे ऊर्जा प्राप्त नहीं हुई, बल्कि कुछ समय बाद स्वादिष्ट चॉकलेट की खुशबू से, चींटियाँ उसके पास इकट्ठी होने लगीं।

कुछ देर बाद वह लड़का इतना थक गया कि उसका ठीक से खड़ा होना भी मुश्किल हो गया। उसे बेहोशी सी आने लगी। उसकी माँ ने तब उसे समझाया। वह बोली, ''समस्त भोजन को पेट मथता है और उसका पेस्ट बनाता है, फिर उसे छोटी अँतड़ी में भेजता है, ये वो जगह है, जहाँ भोजन के गुणकारी पदार्थों को खून सोख लेता है। यह खून शरीर के सभी अंगों को ऊर्जा की पूर्ति कराता है, ताकि वे पोषित हो सकें, अंगों को बढ़ाने एवं उनमें ताकत पैदा करने के लिए ऊर्जा की पूर्ति खून द्वारा ही की जाती है।''

अब लड़का हर तरह से भोजन करने को राजी हो गया। भूखे पेट को भोजन कराया गया। जल्द ही वह अपनी ताकत को वापस पाने में सफल हो गया। फिर क्या था? अब क्रिकेट खेलने का समय हो गया था!

बच्चो, तुम्हें दूसरों के कर्तव्यों एवं अधिकारों के बारे में नहीं सोचना चाहिए। तुम सिर्फ अपनी जिम्मेदारियों पर ध्यान दो। अपने कर्तव्यों को खुशी-खुशी निभाओ। अपने अधिकारों के विषय में सोचने से पहले अपने कर्तव्यों का निर्वहन करो। तुम ईश्वर की रचना के एक छोटे से अंश मात्र हो। उसके 'मास्टर-प्लान' को तुम समझ नहीं सकते, लेकिन जो कार्य तुम्हें करने को दिए गए हैं, उन्हें जरूर पूरा करो। क्योंकि सद्कर्म करने से ही तो ईश्वर प्रसन्न होते हैं।

13

सांता क्लाज

''मैं तुम्हारे ह्रदय में प्रेम का दीपक जलाने के लिए आया हूँ; देखने के लिए कि वह दिन-प्रति-दिन अधिक-से-अधिक रोशनी के साथ प्रकाशित हो। प्रेम का पोषण करो, प्रेम में जियो, प्रेम को फैलाओ। यह वो आध्यात्मिक क्रिया है, जिससे अधिकतम लाभ होगा।''

एक गाँव के स्कूल ने अपने छात्रों को निशुल्क किताबें और यूनिफार्म बाँटी। यहाँ बच्चों को संस्कारिक व मूल्य-आधारित शिक्षा दी जाती थी, ताकि उन्हें अच्छे संस्कार मिलें। ठंड का मौसम था। एक दिन बहुत ही ज्यादा सर्दी थी। प्राचार्य और उनके कर्मचारियों ने छात्रों को जूते बाँटने का कार्य अभी-अभी पूरा किया था। वे आपस में बात कर रहे थे, ''हमने अपने स्कूल के बच्चों को ड्रेस और जूते दिए हैं, चलो इस गाँव के दूसरे स्कूल के बच्चों को भी जूते दिला देते हैं। उस स्कूल के अधिकतर बच्चे बस्तियों के हैं और बहुत गरीब हैं। उन बच्चों को कड़ाके की सर्दी में नंगे पैर दौड़ते देखकर मन बहुत उदास होता है।'' प्राचार्य ने संस्था के सचिव से बस्ती के इन बच्चों के लिए जूते खरीदने के लिए रकम देने का आग्रह किया। सचिव ऐसा करने को राजी हो गया और बोला कि वह जल्द ही इस काम को करवा देगा।

प्राचार्य ने अपने एक शिक्षक और एक चपरासी को बोला कि वे उन बच्चों का नाम और पैरों का नाप लिखकर सचिव के कार्यालय में दे दें। लगभग आधे घंटे के अंदर ही दो व्यक्ति जूतों के दो बड़े थैले लेकर मोटर-साइकिल से आए और शिक्षक से कहा, ''मैडम, हमें कहा गया था कि आपको कुछ जूतों की आवश्यकता है, इन्हें हम कहाँ पर रखें?''

मैडम ने कहा, ''आप कृपया मेरे साथ बस्ती तक चलिए, हम उधर जाकर बच्चों को जूते दे ही देते हैं।'' खुशी से चहकते बच्चे एक-एक कर कतार में खड़े हो गए, और वे दोनों व्यक्ति बड़ी फुरती से उन बच्चों के पाँवों में जूते पहनाते गए। बच्चे करीब पचास की संख्या में थे। बच्चों के चेहरे मैले एवं बाल बिखरे हुए थे। उनके कपड़े लगभग चिथड़े थे। लेकिन उनके जूते एकदम नए और चमकदार! वे बहुत खुश दिखाई दे रहे थे। शिक्षिका सचिव के इतने तेजी से एवं कुशलतापूर्वक काम कराने की क्षमता से काफी प्रभावित हुई। उसने उन आदमियों से निवेदन किया कि कार्यालय में सचिव से जाकर मिलें, क्योंकि जूतों का भुगतान उन्हीं के द्वारा किया जाना है। उन दोनों ने कहा, ''आप चिंता न करें मैडम, हम अपने आप भुगतान ले लेंगे।'' शिक्षिका अपने स्कूल वापस लौट आई।

एक हफ्ते बाद सचिव ने प्राचार्य से कहा, ''मैडम, जरा पता लगाएँ कि वे जूते सप्लाई करनेवाले अभी तक क्यों नहीं आए?'' शिक्षिका आश्चर्य से

उनकी ओर देखते हुए बोली कि वे तो उसी दिन आ गए थे। उन बच्चों ने तो जूते पहन रखे हैं। सचिव ने हैरान होकर पूछा, "उन बच्चों ने जूते पहन रखे हैं? जब वे इधर आए ही नहीं तो फिर उन्होंने जूतों का नाप कब लिया?" अब शिक्षिका के चकराने की बारी थी।

शिक्षिका ने कहा, "ये तो मैंने सोचा ही नहीं। सब जूते, जो उन्होंने पहनाए, वे पूरी तरह से फिट थे! यह कैसा अचंभा था?" जहाँ तक पेमेंट की बात है, तो क्या कोई पैसे लेने आया भी? वे व्यक्ति कभी दुबारा नजर ही नहीं आए।

प्रिय पाठक, यह एक सच्ची घटना है। श्री सत्य साईं संस्थान का हरियाणा में यमुनानगर के पास गाँव दढ़वा में एक स्कूल है। जिसे 'श्री सत्य साईं जागृति विद्या मंदिर' कहा जाता है। हमारे भगवान् साईं बाबा ने यह छोटा सा नाटक अभिनय करने के लिए यह स्थान चुना था। यह उनके द्वारा किए गए हजारों चमत्कारों में से एक है। वे सचमुच के सांता-क्लाज बनकर इन गरीब बच्चों को जूता पहनाने के लिए आए।

भगवान् उनको प्यार करते हैं, जो सेवा करते हैं। जो लोग स्वार्थ-रहित भावना से भक्ति एवं प्रेम के साथ अपने आपको सेवा कार्यों में जुटाकर रखते हैं, उनकी सहायता के लिए प्रभु स्वयं उपस्थित होते हैं।

14

वो मुझे ढूँढ़ रहा है

"दुनिया को बेहतर बनाने के लिए किसी नए आध्यात्मिक आदेश या संस्था की जरूरत नहीं है। जरूरत तो पवित्र हृदय वाले पुरुष और महिलाओं की है।"

सुबह से बरसात हो रही थी। आकाश काले बादलों से घिरा हुआ था। बादलों की गड़गड़ाहट आकाश से कई बार आई और बिजली की कौंध, बादलों के घने कंबल में से चमचमा रही थी। स्कूल में अभी-अभी छुट्टी हुई थी और बच्चे स्कूल बस में बैठ रहे थे। हरिहर एक ओटीस्टिक (दिमागी तौर से कुछ कमजोर) बच्चा था, जो कि रोज पैदल ही स्कूल से घर लौटा करता था। उसकी माँ तूफान के कारण चिंतित थी। इसलिए उसने कार को गैराज से बाहर निकाला और हरिहर को स्कूल से लाने को निकल पड़ी। वह जानती थी कि बादलों की गड़गड़ाहट और बिजली की चमक पैदल चलते हुए किसी भी बच्चे के लिए डरावनी हो सकती है। जब तक वह स्कूल पहुँची, तब तक वह स्कूल से निकल चुका है। अत: वह उस रास्ते पर चल पड़ी, जिससे वह आया करता था। मूसलधार बारिश के आवरण में से उसकी आँखें अपने बच्चे को तलाशने की सुगम कोशिश कर रही थीं। उसे लालबत्ती पर रुकना पड़ा, तभी उसने देखा कि उसका बेटा कुछ ही दूर पगडंडी के रास्ते पर चला जा रहा है। किंतु वह मुसकरा रहा था! वह बारिश के पानी से पूरी तरह भीगा हुआ था, फिर भी बहुत खुश नजर आ रहा था।

वह सावधानी से अपनी कार को लड़के के करीब लाई और उसे अंदर बैठने के लिए आवाज दी। फिर माँ ने उससे पूछा, "हरिहर, क्या तुम वाकई मुसकरा रहे थे या यह मेरी कल्पना थी? मैंने तो सोचा था कि तुम डर रहे होगे।" उसका बेटा बोला, "माँ, तुमने देखा, भगवान् बार-बार फ्लैश मारकर, मेरा चित्र खींच रहे थे।" तभी फिर से बिजली कौंधी तो हरिहर अबोध की तरह मुसकराया, मानो कि ईश्वर के कैमरा के सामने फोटो खिंचवा रहा हो। माँ ने काले-घने बादलों की ओर अधीरता से देखा और तुरंत अपने बच्चे को कार के अंदर बैठाया।

कहानी यहाँ समाप्त नहीं होती है। कुछ ही दूर सड़क पर एक और लड़का ऐसे दौड़ रहा था, मानो किसी से पीछा छुड़ाने की कोशिश कर रहा हो। हरिहर ने उसे देखा और कहा, "माँ, क्या हम अभिनव को भी उसके घर तक छोड़ सकते हैं?" "जरूर!" माँ ने कहा। अभिनव को कार में बैठाकर माँ ने कहा, "तुम्हारे होंठ कुछ नीले से लग रहे हैं, तुम्हें कड़कती हुई बिजली से डर लग रहा था न? चिंता मत करो। हम तुम्हें जल्दी ही तुम्हारे घर पहुँचा देंगे।"

अभिनव ने कहा, "भगवान्, मुझे ढूँढ़ने के लिए चारों तरफ फ्लैश लाइट मार रहे थे। मुझे लगता है कि वे जानते हैं कि मैंने पेंसिल बॉक्स चुराया था। वे अपनी टॉर्च लाइट को बार-बार चलाकर मुझे खोज रहे हैं।"

जैसा हमारा मन होता है, संसार हमें वैसा ही प्रतीत होता है। हमारे चारों तरफ का संसार हमारी सोच या हमारे मन की स्थिति का एक दर्पण है। संसार हमें कैसा प्रतीत होता है, यह हमारी अपनी सोच और व्यवहार पर ही आधारित है!

15

कृष्ण का मूल्य

"प्रेम का संबंध मस्तिष्क से नहीं है। वह हृदय से जन्म लेता है। यही कारण है कि उसका अनुभव हृदय से ही किया जा सकता है।"

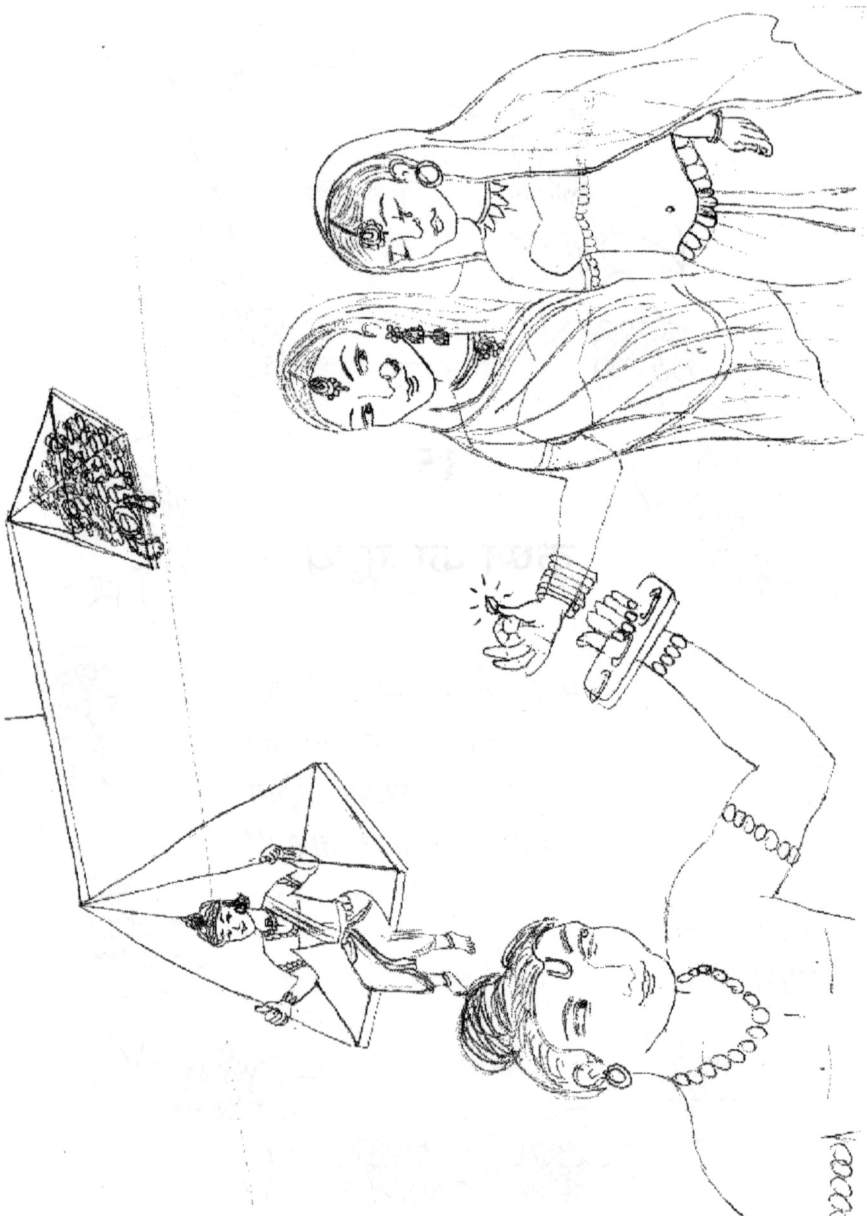

कृष्ण का मूल्य

सत्यभामा चाहती थी कि उसके पति भगवान् कृष्ण उसके नियंत्रण में ही रहें। एक दिन उसने अपनी इस इच्छा को नारद मुनि को बताया और उनसे कृष्ण पर पूर्ण नियंत्रण पाने का उपाय पूछा। नारद मुनि समझ गए कि यह औरत बेहद स्वार्थी है, इसलिए उन्होंने उसे सबक सिखाने का निश्चय किया। उनहोंने कहा, ''तुम एक उपवास रखो, उसके बाद तुम्हें अपने पति को किसी को उपहार के रूप में देना होगा। जिसके बाद तुम उस व्यक्ति से अपने पति को वापस खरीद सकती हो। वापस खरीदने के लिए तुम्हें उस को अपने पति के वजन के बराबर स्वर्णमुद्रा या फिर गहने देने होंगे। एक बार यदि तुम यह करने में कामयाब हो गई, फिर कृष्ण हमेशा के लिए तुम्हारे नियंत्रण में हो जाएँगे।''

सत्यभामा खुशी-खुशी राजी हो गई। उसने उपवास किया और उसके बाद तय किया कि वह कृष्ण को उपहार के रूप में स्वयं नारदजी को ही भेंट करेगी। स्वाभाविक रूप से नारदजी ने इस प्रस्ताव को स्वीकार कर लिया।

उसके बाद का काम कृष्ण को वापस खरीदने का था, नारद ने कहा, ''सत्यभामा, अब तुम कृष्ण को वापस पाने के लिए, उनके वजन के बराबर सोना या मुद्रा मुझे प्रदान करो।'' सत्यभामा ने काफी बड़ी तराजू की व्यवस्था की। उसने कृष्ण को तराजू के एक पलड़े में बैठने को कहा। दूसरी ओर सोने के ढेर सारे सिक्के रखे गए, किंतु कृष्ण का वजन अधिक था। सत्यभामा ने थोड़े-थोड़े करके उस पलड़े में बहुत सारे गहने और सोने के सिक्के डलवा दिए, परंतु कृष्ण का वजन अधिक ही बना रहा। कृष्ण इस मनो-विनोद का आनंद लेते रहे। सत्यभामा अपने संग्रह से अधिक-से-अधिक सोने के जेवरात लाती गई और तराजू के दूसरे पलड़े पर उनका ढेर लगाती रही, किंतु तराजू का पलड़ा श्रीकृष्ण की दिशा में ही झुका रहा। सत्यभामा ने अपने सभी आभूषण डाल दिए, किंतु तराजू के दोनों पलड़े बराबर नहीं हुए। सत्यभामा बहुत लज्जित हुई। परंतु उसे समझ नहीं आ रहा था कि अब वह क्या करे?

नारद ने कहा, ''अच्छा सत्यभामा, ऐसा लगता है कि तुम श्रीकृष्ण को वापस खरीदने में असमर्थ हो, इसलिए मैं उन्हें अपने साथ ले जा रहा हूँ। अब वे मेरे हो चुके हैं।'' सत्यभामा विनती करते हुए बोली, ''नहीं, कृपया इन्हें मुझसे दूर मत ले जाइए। मैं रुक्मणी से मदद माँगने जाती हूँ।'' यह कहते हुए सत्यभामा रुक्मणी के निवास की ओर उससे मदद माँगने के लिए दौड़ पड़ी।

उस समय रुक्मणी तुलसी पूजा में व्यस्त थी।

सत्यभामा ने रुक्मणी को सारी कथा सुनाते हुए उससे मदद माँगी। रुक्मणी उसके साथ मौके पर आ गई। वहाँ उसने देखा कि नटखट कृष्ण तो शरारत के साथ मुसकरा रहे हैं। वह समझ गई कि इस समस्या का समाधान सोना-चाँदी नहीं है। वह बोली, ''नारदजी! ऐसा कहा जाता है कि ईश्वर का नाम स्वयं ईश्वर से बड़ा होता है। इसलिए मैं उनके नाम का जाप कर रही हूँ, यही उन्हें वापस पाने के लिए पर्याप्त होगा।''

नारद ने जवाब दिया, ''वास्तविक मूर्तरूपसाकार भगवान् कृष्ण के वजन के बराबर भुगतान के लिए, उनका निराकार नाम कैसे बराबर हो सकता है? यह मुझे मंजूर नहीं है।''

रुक्मणी आगे बढ़ी, उसने तुलसी के एक पत्ते को तराजू के दूसरे पलड़े पर रखते हुए कृष्ण का नाम धीरे से पुकारा। कहा जाता है कि कृष्ण के नाम का वजन कृष्ण के प्रत्यक्ष वजन के बराबर हो गया और तुलसी पत्ते के अतिरिक्त वजन के कारण तराजू का दूसरा पलड़ा भारी हो गया और तराजू दूसरी ओर झुक गई। कृष्ण को खरीद लिया गया। प्रेम और भक्ति से उनका मूल्य चुका दिया गया। भगवान् को केवल एक ही कीमत पर खरीदा जा सकता है, वह है प्रेम, और केवल प्रेम।

16

'प्रेम की माला'

''अपने हृदय के बगीचे में उगाए गए सुगंधित, सुंदर एवं आनंददायी असली फूलों को ईश्वर को अर्पित करो।''

स्वीटी का जन्मदिन था। उसकी माँ ने अपने घर में, एक छोटा सा भजन कार्यक्रम आयोजित किया था। इसमें दोस्तों को परिवार सहित आमंत्रित किया था। माँ ने भगवान् के भोग के लिए प्रसाद के रूप में हलवा और चने तैयार किए थे। स्वीटी अपनी माँ को बड़े प्रेम से प्रसाद बनाते हुए देख रही थी। बाद में उसने भजन के लिए वेदी बनाने में अपनी माँ की मदद की तथा ईश्वर के चित्रों को यथास्थान स्थापित किया। वह भगवान् को कुछ देना चाहती थी, जिसे उसने स्वयं ही बनाया हो। लेकिन वह केवल सात वर्ष की थी और उसे कुछ भी पकवान बनाना नहीं आता था।

वह बाहर बगीचे में गई और झड़ियों से कुछ फूल चुनकर लाई। सावधानीपूर्वक धागे से फूलों को गूँथकर उसने एक माला तैयार की। काफी गर्व से उसने कमरे में प्रवेश किया ताकि वह अपने प्रिय भगवान् की प्रतिमा को माला पहना सके। उसकी माँ ने उसे देखा तो आश्चर्यचकित होकर बोली, ''स्वीटी, ये तुम क्या कर रही हो? तुम्हारे गालों में खरोंचें लगी हैं, हाथों से खून बह रहा है। हे भगवान्! अपनी नई पोशाक को देखो; वह कितनी गंदी और फटी सी लग रही है।'' सब कुछ नजरंदाज करते हुए उसने कहा, ''ओहो माँ, चलो मुझसे गलती हो गई। मैंने जब फूलों की ओर देखा तो काँटों की तरफ ध्यान ही नहीं दिया।'' उसकी आँखें भरी हुई थीं, उसने बड़े भाव से अपनी माला को भगवान् के चरणों में अर्पित किया। किंतु उसकी माँ उससे नाराज थी।

बाद में शाम को दरवाजे पर घंटी बजी। एक लड़का गिफ्ट का पैकेट लिये हुए सामने खड़ा था। वह कहने लगा, ''मैं फेयरी शाप से आया हूँ, तुम्हें इस महीने की लाटरी में प्रथम पुरस्कार प्राप्त हुआ है।'' पैकेट के अंदर दो सुंदर पोशाकें थीं, जो स्वीटी के नाप की थीं। जब माँ ने देखा कि स्वीटी गुलाबी रंग के पोशाक को पहन रही है, तो मन-ही-मन सोचने लगी कि वह परी के समान दिख रही है। उसे पक्का विश्वास हो गया है कि भगवान् ने स्वीटी की नई पोशाक को फटते हुए देखा है। स्वीटी ने प्रेम की जो माला अर्पित की है, उसके बदले में भगवान् ने इन पोशाकों को भेजने का निर्णय किया होगा।

हाँ, यदि हम अपने आपको निस्स्वार्थ भाव से भगवान् को समर्पित कर

दें, यदि हम केवल फूलों को ही देखते हैं और काँटों को अनदेखा कर देते हैं, तब भगवान् काँटों के पैनापन को हल्का कर देंगे, और फूल चुनने आसान कर देंगे।

भगवान् तो यहाँ तक कहते हैं, "अपने आप को माला जैसे बना लो तो मैं स्वयं ही सभी फूलों को पिरोने के लिए धागा बन जाऊँगा।"

17

‘अकबर और बीरबल’

“ईश्वर पर विश्वास रखो, वह वो सब कुछ देगा, जिसकी तुम्हें आवश्यकता है; वह तुम्हें संतोष से भर देगा।”

बीरबल सम्राट् अकबर का मंत्री एवं सखा था। उसकी हाजिरजवाबी एवं बुद्धिमत्ता के बारे में किसने नहीं सुना? शायद ही कभी अकबर का नाम बीरबल के बिना लिया जाता है। अनेक अवसरों पर अकबर के घमंड को बुद्धिमान बीरबल ने चूर-चूर किया।

कहानी यह है कि एक बार अकबर-बीरबल एक लंबी यात्रा पर गए। रास्ते में उन्हें एक जंगल को पार करना था। समूह के अन्य लोगों से वे दोनों बिछड़ गए थे। रात हो गई और वे घने एवं अँधेरे जंगल में खो गए। खो जाने के अलावा वे दोनों काफी थके हुए और भूखे भी थे। अकबर ने बीरबल से कहा, "हमें रात बिताने के लिए कोई जगह खोजनी होगी और उसके साथ-साथ कुछ वनवासी लोगों की तलाश करनी होगी, जो हमें भोजन और पानी भी दे दें।" बीरबल ने कहा, "महाराज, मैं तो थक गया हूँ। चलिए, यहाँ बैठकर ईश्वर से प्रार्थना करते हैं। मुझे पक्का विश्वास है, वह हमारी मदद करेगा।"

अकबर ने उसकी ओर तिरिस्कारपूर्ण नजरों से देखा और बोला, "तुम्हारे कहने का तात्पर्य क्या है? ईश्वर से प्रार्थना करने से भला हमें भोजन कैसे प्राप्त होगा? हमें सहायता के लिए यहाँ-वहाँ भाग-दौड़ करनी पड़ेगी। चलो उठो, हम किसी की तलाश करें, जो हमारी मदद कर दे।"

बीरबल ने कहा, "नहीं महाराज, यह समय संध्या-वंदन का है, मुझे भगवान् से प्रार्थना करनी है। यदि आप चाहें तो आप जा सकते हैं।" ऐसा कहते हुए बीरबल बैठ गया और 'राम-राम' जपने लगा। अकबर ने अपने कंधों को झटका और भोजन की तलाश में निकाल पड़ा। कुछ समय चलने के बाद अकबर को दूर से एक हल्की सी रोशनी दिखाई पड़ी। उसको निर्देशक की तरह मानकर, अकबर एक छोटी सी झोंपड़ी के पास पहुँच गया। उसने दरवाजे पर दस्तक दी। एक वृद्ध दंपती ने दरवाजा खोला और अपने राजा को देखकर अत्यंत प्रसन्न हुए। उन्होंने उनको भोजन और पानी दिया। भोजन करने के पश्चात् अकबर ने उनसे पूछा कि क्या वे बीरबल के लिए भी कुछ भोजन दे सकते हैं? वे खुशी-खुशी राजी हो गए। अकबर बीरबल की ओर चल पड़ा। बीरबल गहराई से 'राम-राम' जपने में तल्लीन था। अकबर ने कहा, "बीरबल देखो, भगवान् भी कुछ पाने के लिए परिश्रम करने को कहते हैं। यदि मैं सहायता पाने के लिए नहीं गया होता, तो हमें भूखा ही सोना पड़ता।

मैं तुम्हारे लिए कुछ भोजन ले आया हूँ, लो इसे खा लो।'' बीरबल ने धीरे से अपनी आँखें खोलीं और अकबर से भोजन लेकर प्रत्येक कौर को स्वाद लेकर खाने लगा, मानो उसे परमानंद प्राप्त हो गया हो।

अकबर उससे अपेक्षा कर रहा था कि वह कहेगा कि सम्राट् सचमुच में सही कह रहे हैं। इसके विपरीत बीरबल ने कहा, ''महाराज, क्या मैंने नहीं कहा था कि यदि हम बैठ जाएँ और प्रार्थना करें, तो भगवान् हमें सहायता पहुँचाते हैं। आप राजा हैं, फिर भी भिखारियों की भाँति भोजन प्राप्त करने के लिए बाहर चले गए, किंतु मैं तो साधारण इनसान हूँ, फिर भी देश का राजा स्वयं मेरे लिए भोजन लेकर आया; जबकि मैं बैठकर ईश्वर से प्रार्थना कर रहा था। प्रार्थना की शक्ति के बारे में आपको और कैसा प्रमाण चाहिए?''

यदि हम आलस्यपूर्वक केवल बैठे रहें, ईश्वर हमारी मदद के लिए नहीं आते। किंतु यदि हम शरणागत होकर अपने कार्यों के समस्त फल उसे समर्पित करते हैं, तो उसकी कृपा असीमित है।

18

'बार-बार'

''यदि तुम अपने पिता की इज्जत करते हो तो समस्त प्राणियों के पिता स्वयं तुम्हारी रक्षा करेंगे।''

एक जवान आदमी दिनभर काम करने के बाद घर लौटा। वह थका-माँदा तथा भूखा था। सोफे पर आराम करते हुए उसने अपनी बेटी से कहा, "बेटा, जरा अपनी मम्मी से कहना कि वह कुछ फल काटकर दें, मुझे भूख लगी है।" तभी उसके बूढ़े पिता ने लॉबी के उस पार वाले (अपने) कमरे से आवाज दी, "अमर बेटा, तुम आ गए?" "हाँ पिताजी, मैं अभी-अभी घर पर आया हूँ," उसने थकान भरे स्वर में जवाब दिया।

कुछ मिनट पश्चात् बूढ़े पिता ने फिर आवाज दी, "अमर, आ गए बेटा?" उस समय तक अमर सोफे पर बैठे-बैठे ही सो गया था। अब उसकी पत्नी ने उत्तर दिया, "वह घर पर हैं, किंतु अभी सो रहे हैं।" आधे घंटे बाद बुजुर्ग व्यक्ति ने फिर आवाज दी, "अमर, कहाँ हो मेरे पुत्र?" इस बार उसने अपने पुत्र को जगाने के लिए काफी जोर से आवाज दी थी। अमर ने झल्लाहट से उत्तर दिया, "पिताजी, मैंने कहा न मैं घर पर हूँ। आप मुझे बार-बार क्यों बुला रहे हैं?" बुजुर्ग व्यक्ति चुप हो गया। कुछ समय बाद, बूढ़े बाप को रात्रि का भोजन उसके कमरे में ही परोसा गया। उसने अपनी पोती से पूछा, "मीनू, तुम्हारे पापा कहाँ हैं?" "दादाजी, वे भोजन कर रहे हैं। आखिर बात क्या है?" दादा ने आह भरते हुए कहा, "ओह! कोई बात नहीं, मैं केवल यही जानना चाहता था कि वह है कहाँ।"

कुछ समय बाद आहट हुई तो बुजुर्ग ने देखा कि बहू दरवाजे बंद कर रही है। सोने का समय हो चला था; उसने बहू को आवाज दी, "अमर कहाँ है? मैंने उसे देखा नहीं।" वह गुस्से से भर गई और उन्हें फटकारते हुए बोली, "वह थका हुए हैं और सोने के लिए बिस्तर पर जा चुके हैं। क्या आप हमें अकेला नहीं छोड़ सकते?"

बुजुर्ग व्यक्ति काफी दुखी होकर सोया। दूसरे दिन सुबह जल्दी ही उसका पुत्र अपने बुजुर्ग पिता से बिना मिले ही काम पर चला गया। जब वह घर लौटा, पिताजी बड़ी उत्सुकता से दरवाजे पर उसकी प्रतीक्षा कर रहा थे। पुत्र ने पूछा, "पिताजी, क्या बात है?" बुजुर्ग ने कहा, "मैं तुम्हारा इंतजार कर रहा था। आओ, कुछ पल के लिए मेरे पास बैठो।" पुत्र ने पूछा, "पिताजी, क्या कोई समस्या है?" पिता ने कहा, "नहीं, मैं केवल तुम्हें देखना चाहता था। बस इतना ही।" पुत्र ने कहा, "पिताजी, कल रात मेरी पत्नी शिकायत कर रही थी

कि आप बार-बार मेरे बारे में पूछ रहे थे, आपके ऐसा करने से वो बहुत चिढ़ रही थी।''

बुजुर्ग पिता दुखी मन से मुसकराया और बोला, ''अमर जब तुम छोटे थे न तो मेरी गोद में बैठकर घर के पिछवाड़े के आम के पेड़ पर बैठे कौवों को देखा करते थे। हर बार जब तुम कौवों को देखते थे, तब आश्चर्य से कहा करते थे, 'पिताजी देखो, कौवा!' और मैं कहा करता था, 'हाँ बेटा, वह कौवा है।' और एक दिन तो तुमने और मैंने इस बात को 20 बार दुहराया। मैं तुम्हारे पूछने पर, हर बार तुम्हें आश्वासन देता रहा कि हाँ, वह सचमुच में एक कौवा है। अब मैं बूढ़ा हो गया हूँ न। मैं किसी चीज को बार-बार दोहराता हूँ तो तुम गुस्सा हो जाते हो। मैं तो केवल तुम्हारे चेहरे की एक झलक देखना चाहता था। इसके अलावा मुझे तुमसे कुछ नहीं चाहिए।''

हममें से अधिकांश लोग, बूढ़े होने से पहले ही अपने माँ-बाप को खो डालते हैं। यदि आपके माँ-बाप आज भी जीवित हैं, तो उनकी कद्र कीजिए, क्योंकि जब वे नहीं होंगे, तब आप महसूस करेंगे कि आपके लिए वे क्या मायने रखते थे। हमारा जीवन माँ-बाप की ओर से दिया गया एक उपहार है; वे और कुछ भी नहीं तो कम-से-कम इस उपहार के लिए तो अवश्य ही सम्मान पाने के हकदार हैं।

हमारे माता-पिता ने हमारे लिए जो कुछ भी किया है, उसके बदले हमें उन्हें प्यार, आदर और सेवाभाव एवं सम्मान के रूप में आभार देना चाहिए। यदि हम ऐसा नहीं करते, तो हम अपने माँ-बाप के सुयोग्य बच्चे कहलाने के हकदार नहीं हैं।

19

'अनकहा प्यार'

''उत्तम कार्य वही है, जो हर कसौटी पर, त्याग की भावना से किया जाता हो। यदि कोई कार्य आत्मकेंद्रित है और वह सिर्फ अहम को तुष्ट करता है, तो वह पाप है।''

विदुर अनामिका को प्यार करता था। कुछ दिन से वह पेट दर्द की शिकायत कर रही थी। उसने डॉक्टरी जाँच व कई तरह के मेडिकल टेस्ट करवा कर सही इलाज करवाना शुरू किया। कुछ दिन बाद, जब वे दोनों विदुर की कार में कहीं जा रहे थे, तो विदुर ने अनामिका से कहा, "अनामिका, क्या तुम मुझसे शादी करोगी ?"

उसने शांतिपूर्ण ढंग से जवाब दिया, "नहीं विदुर, तुम एक अच्छे इनसान हो और मुझे बहुत अच्छे लगते हो, लेकिन उच्च शिक्षा प्राप्त करने के लिए मैं यू.एस.ए. जाना चाहती हूँ। इसलिए मुझे शादी नहीं करनी।" यह सुनकर विदुर को बहुत गुस्सा आया। वे दोनों पिछले चार वर्षों से दोस्त थे। बिना कुछ भी कहे, यह तो दोनों के मन में जाहिर ही था, किंतु अब...वह अपने आप को क्या समझती थी ? इतना घमंड ?

बिना कुछ कहे, विदुर ने उसे उसके घर पर छोड़ा और चल दिया। दिन बीतते गए। एक दिन उसने उसे फोन करके पूछा, "अनामिका, क्या तुम अपने निर्णय पर पुनर्विचार करोगी ? मैं तुम्हारे लिए कुछ भी कर सकता हूँ।" "नहीं विदुर, तुमने बहुत अच्छा किया कि मुझे फोन कर लिया। मैं आज रात को ही यू.एस.ए. के लिए रवाना हो रही हूँ।" "क्या मैं एक बार तुम्हारे जाने से पहले तुम्हें मिल सकता हूँ ?" "नहीं, मैं आज बहुत व्यस्त हूँ। तुम तो समझ सकते हो कि जाने से पहले कई काम करने होते हैं, कई चीजें समेटनी हैं...अलविदा, विदुर।"

छह महीने बाद विदुर समाचार-पत्र पढ़ रहा था। उसकी आँखें एक चित्र पर अटक गईं—अनामिका। नहीं, यह उसका चित्र नहीं हो सकता। मैं आज भी उसे प्यार करता हूँ। वह मर नहीं सकती।

वह हड़बड़ी में दो घंटे कार ड्राइव करके उसके घर पहुँचा। सामने दीवार पर उसका चित्र लगा था, जो ताजा और अत्यंत संवेदनशील चमेली के फूलों की माला से सजा हुआ था। और चित्र में उसकी गरदन में क्या है ? दिल के आकार के पेंडल वाला हार जो विदुर ने उसके जन्मदिन पर उसे दिया था। वह अपनी आँखों से झलकते हुए आँसुओं को रोक न सका।

वह गमगीन स्थिति में उसके पिता के पास गया और उनसे पूछने लगा, "अनामिका को क्या हुआ ?" पिता ने पुछा, "तुम कौन हो ?" "विदुर।" बूढ़े

आदमी ने उसके हाथ को पकड़ लिया और बोला, ''बेटा तुमने आने में बहुत देर कर दी। हमें सात महीने पहले पता चला कि अनामिका के पेट में कैंसर है। तबसे उसका इलाज चल रहा था। उसकी तबीयत तेजी से बिगड़ती चली गई। जब हमें पता चला, तभी उसका इलाज शुरू करवा दिया था, पर तब तक वह पेट के सभी अंगों में फैल चुका था। कीमोथैरेपी काफी दर्दनाक थी। जब कभी वह असहनीय स्थिति में होती थी तो बड़बड़ाया करती थी, 'विदुर, मैं तुम्हें प्यार करती हूँ···प्यार करती हूँ।'''

उसका बूढ़ा पिता आँसू भरे नेत्रों के साथ मुश्किल से बोला, ''जब कभी हम तुम्हारे बारे में उससे पूछते थे, वह कहा करती थी, 'मैं किसी विदुर को नहीं जानती, पापा'।'' विदुर दुःख से आपे से बाहर हो गया। उसने पूछा, ''क्या यू.एस.ए. में पढ़ते समय उसके कैंसर का उपचार किया गया?''

पिता ने आश्चर्य से कहा, ''अनामिका कभी विदेश नहीं गई, कभी जाने का विचार भी नहीं किया, तुम क्या बात कर रहे हो?''

अब एक-एक करके सारी बातें उसे समझ आने लगीं। पेट दर्द···उसके विवाह के प्रस्ताव को ठुकराना···विदेश जाने की कहानी···यह सब उसने क्यों किया?··· क्योंकि वह उसे बहुत ज्यादा प्यार करती थी। इसीलिए वह नहीं चाहती थी कि पहले यह कहकर, 'मैं तुमसे प्यार करती हूँ,' फिर उसे अकेला छोड़ जाने का दुःख दे।

20

'बर्फ के टुकड़े'

"ईश्वर हर जगह मौजूद है—घर के अंदर, घर के बाहर, भक्त के भीतर, सामने, पीछे, बगल में, लेकिन मनुष्य उसे पहचान नहीं पाता; न ही उसे पहचानने का मूल्य जानता है।"

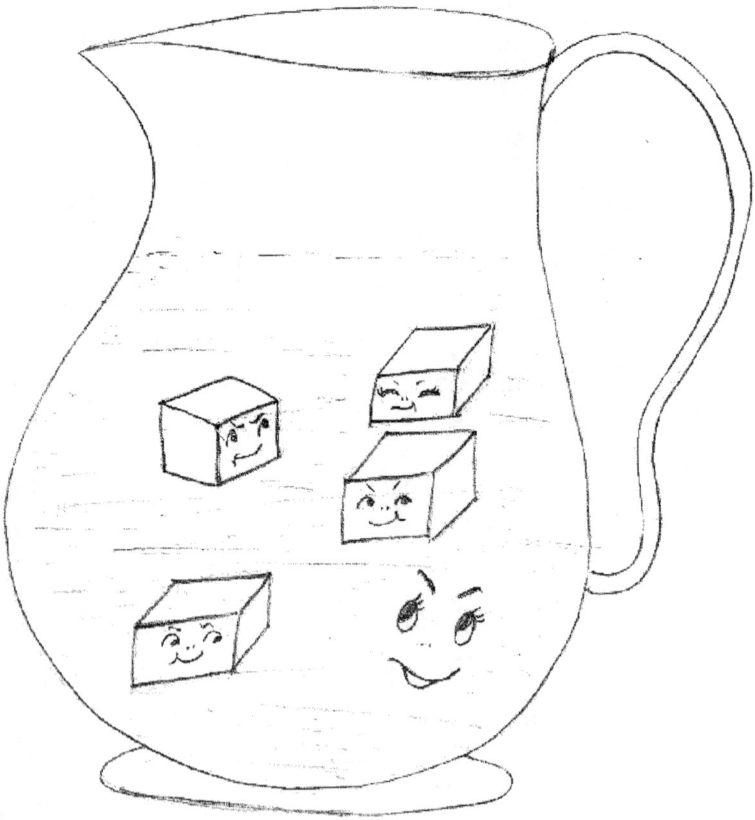

मेज पर पानी से भरा हुआ एक जग रखा था। उसमें बर्फ के कुछ टुकड़े थे। पानी एवं बर्फ के टुकड़ों के बीच बातचीत हुई, जो कि इस प्रकार है—

पानी : मेरे प्यारे बर्फ के टुकड़ो! मैं तुम्हारे चारों तरफ हूँ और तुम मुझ में समाए हुए हो। तुम मुझसे दूर नहीं जा सकते। मैं तुम्हारे ऊपर, नीचे, चारों तरफ और बगल में भी हूँ।

बर्फ के टुकड़े : हाँ, लेकिन हम मजबूत हैं। हमारा आकार अत्यंत सुंदर है। हमारे कोने बेहतरीन हैं, तुम्हारी तरह नहीं···आकारहीन··· रूपहीन···हा! हा!

पानी : मेरे प्यारो! तुम मुझमें हो और मैं तुममें हूँ। हम एक ही तो हैं। तुम मेरे हो और मैं तुम्हारा हूँ। हम एक-दूसरे के हैं। तुम मेरा खून-पसीना हो।

बर्फ के टुकड़े : यह क्या नासमझी है? हम तुममें हो सकते हैं, किंतु तुम अवश्य ही हममें नहीं हो। हम खूबसूरत हैं और हमारा निर्माण भारत को स्टार आइस फैक्टरी में हुआ है।

पानी : मेरे प्यारे बर्फ के टुकड़ों, तुम और मैं एक ही हैं। तुम्हारा निर्माण भी पानी से ही हुआ है, यानी मुझसे ही। तुम इसे नहीं जानते हो, लेकिन मैं जानता हूँ।

बर्फ के टुकड़े : हम बर्फ हैं, सोने की तरह शुद्ध। हम पानी नहीं हैं। तुम्हारी क्या औकात है!

जैसे-जैसे यह बातचीत चलती रहीं, बर्फ के टुकड़े धीरे-धीरे पिघलने लगे। वे अपने आपको पिघलने से रोकने के लिए उद्यत थे, लेकिन जल्द ही उनका आकार पिघलकर पानी में समाने लगा।

बर्फ के टुकड़े : कोई तो हमारी मदद करो! हम पानी में खिंचते चले जा रहे हैं। यह क्या हो रहा है?

पानी : आओ मेरे बच्चो, मुझमें मिल जाओ। मैं तुम्हारा इंतजार कर रहा हूँ। आओ, मुझसे आलिंगन कर लो।

बर्फ के टुकड़े : नहीं, हमें जाने दो। हमें आगे जाना है···हमें बहुत काम हैं। हमें छूने की कोशिश मत करो।

उनकी आवाज धीमी होती चली गई। एक वक्त ऐसा आया जबकि

उनकी आवाज आनी बंद हो गई। पानी संतुष्टि से मुसकराया और शांत हो गया। क्योंकि जो उसका था, वह उसमें समा गया था।

यह सच्चाई है, और भगवान् बाबा ने इस सच्चाई को प्रकट रूप से स्पष्ट करते हुए कहा—

"मैं तुममें हूँ, तुम्हारे साथ हूँ और तुम्हारे चारों तरफ हूँ।"

"मैं तुममें हूँ और तुम मुझमें हो।"

"तुम और मैं एक ही हैं।"

यदि हम दुनियावी शानो-शौकत को छोड़ देते हैं, यदि हम इस अहम की चादर को छोड़ देते हैं, यदि हम अपने अंदर झाँककर देखते हैं; यदि हम अपने आपको ईश्वर के मनोहर आलिंगन में विलीन कर देते हैं...तो ही हम अनुभव कर सकते हैं कि बाबा हमें क्या कहना चाहते हैं; और तभी हमें परमानंद की प्राप्ति होगी।

चलो, इसे हम दूसरे नजरिए से देखते हैं। जब हम जवान होते हैं, हमें लगता है कि हम कभी बूढ़े नहीं होंगे। हम अपने माता-पिता एवं बड़े-बुजुर्गों के बुढ़ापे को देखते हैं, लेकिन कभी महसूस नहीं करते कि शीघ्र ही हम भी बूढ़े हो जाएँगे। हम सब एक ही पथ के पथिक हैं। बस, वे हमसे थोड़ा आगे हैं, उसी रास्ते पर ही। जवानी शीघ्र ही अधेड़ आयु में समा जाएगी और अधेड़ता शीघ्र ही बुजुर्ग अवस्था को प्राप्त होगी। इस शरीर का आकार एवं स्वरूप हमेशा इस प्रकार का नहीं रहेगा। इस पर इठलाने से कुछ नहीं होगा।

21

'गधा एवं मूर्तियाँ'

''बुनियादी तौर पर सभी धर्म यही शिक्षा देते हैं; छोटी-छोटी खुशियों के पीछे भागने के बजाय, अपने मन से अहंकार के अवगुण को निकाल फेंकें।''

गाँव का एक कुम्हार मिट्टी के बरतन एवं गमले तैयार करता और उन्हें बेचने के लिए नजदीक के एक शहर में जाया करता था। उसके पास एक गधा था, जिसकी पीठ पर वह बरतन आदि को लादकर शहर ले जाया करता था। दीपावली का त्योहार आनेवाला था, अतः कुम्हार ने भगवान् गणेश और माँ लक्ष्मी की मूर्तियाँ बनाकर शहर में बेचने का निश्चय किया। उसने कुछ अत्यंत सुंदर मूर्तियाँ बनाई और उन्हें चटकीले रंगों से पेंट किया। उसके बाद वह उन्हें गधे की पीठ पर लादकर रवाना हो गया।

उस रास्ते बहुत से लोग गुजर रहे थे। वे सभी अपने दोनों हाथों को जोड़कर लक्ष्मी-गणेश की मूर्तियों के आगे झुकते जा रहे थे। जब तक वह शहर के प्रदर्शनी मैदान पर पहुँचा, तब तक अनेक लोग उन मूर्तियों को सिर नवा चुके थे। वहाँ पर कई कलाकारों ने अपनी बनाई हुई चीजों की प्रदर्शनी लगा रखी थी। जल्द ही कुम्हार अच्छी कीमत में अपनी सभी मूर्तियों को बेचने में कामयाब हो गया। वह बहुत प्रसन्न हुआ।

फिर कुम्हार ने गधे पर लगाम साधी और गाँव की सड़क पर वापस चल पड़ा। रास्ते में जब भी कोई व्यक्ति सामने आता तो गधा रुककर अपने आपको यूँ-यूँ सँवारता मानो वो कोई मॉडल हो। परंतु यह क्या? कोई भी उसकी ओर देख ही नहीं रहा था। अब सभी लोग उसके सामने अपने सिर क्यों नहीं झुका रहे थे? निराश होकर उनका ध्यान स्वयं की ओर आकर्षित करने के लिए गधा रेंगने लगा, 'ढेंचु...ढेंचु...।' गुजरने वाले लोग गुस्से से उस पर पत्थर फेंकने लगे। कुम्हार भी हक्का-बक्का रह गया।

बेचारा गधा सोच रहा था कि प्रत्येक व्यक्ति उसके सामने शीश झुका रहा है, उसने यह नहीं सोचा कि लोगों की श्रद्धा उसकी पीठ पर लदी हुई मूर्तियों के लिए थी, न कि उसके लिए।

हममें से भी अधिकांश लोग यही गलती करते हैं, जो उस गधे ने की। एक व्यक्ति जो किसी शक्तिशाली पद पर आसीन है, अकसर सोचता है कि लोग उसे सलाम कर रहे हैं। यदि वह यह समझता है कि लोग उसके सम्मान में उसे सलाम कर रहे हैं तो वह कहानी के गधे की तरह शेखचिल्ली की दुनिया में विचरण कर रहा है।

सम्मान तो पदवी को दिया जाता है, उसमें बैठे हुए व्यक्ति को नहीं। जैसे

ही वह उस पदवी से कार्य-निवृत्त होता है, उसके चारों ओर मँडराने वाले लोग गायब हो जाते हैं। जब बरसात होती है, तो मेढकों की टर्र-टर्र की आवाज आती है। जब पानी बरसना बंद हो जाता है, तो बरसाती डड्डू भी गायब हो जाते हैं।

नम्रता ही शायद वह बहुमूल्य रत्न है, जिसे हर व्यक्ति को धारण करना चाहिए; वह बेशकीमती भी है, क्योंकि उसकी कीमत आँकना संभव नहीं है।

22

'जीजस का साथ'

''अपने ऊपर विश्वास रखो। यदि तुम्हें लहरों पर भरोसा नहीं है तो तुम समुद्र पर कैसे विश्वास कर सकोगे?''

समुद्र के किनारे खड़े होकर, जीजस क्षितिज की ओर देख रहे थे। सूर्योदय का समय था और आसमान का कॅन्वास, सूर्य की लालिमा से रक्तिम आभा में रँगा हुआ था। लहरों की बेचैनी से उठते ठंडी हवा के झोंके ईश्वर के पुत्र के कंधों पर सुनहरे बालों के छल्लों से मानो खेल रहे हों।

एक अनुयायी आया और उनसे पूछने लगा, "प्रभु, पानी के ऊपर चलना, बिना उसमें गिरे, आपके लिए कैसे संभव है? जबकि हम यदि ऐसा करने का जोखिम उठाते हैं, हम डूब जाते हैं और संभव है पानी में बह भी जाएँ।" जीजस कोमलतापूर्वक मंद-मंद मुसकराते हुए बोले, "ऐसा इसलिए है, क्योंकि मुझे अपने पर विश्वास है और आत्मविश्वास ही ऐसा करने का साहस देता है। इसीलिए मैं पानी में वैसे ही चल सकता हूँ जैसे कि नाव पानी की लहरों पर नाच सकती है।"

शिष्य ने जवाब दिया, "प्रभु, जबसे मैंने आपको पाया है, मेरा विश्वास अटल हो गया है।" तब जीजस ने उसका हाथ पकड़ते हुए कहा, "ऐसा है तो आओ, हम दोनों एक साथ चलते हैं।"

वे दोनों ही शांत भाव से पानी के ऊपर चलने लगे। अचानक एक भयानक लहर उनके सामने उठी, जीजस लहर के साथ-साथ ऊपर उठ गए एवं सहज रूप से उस पर सवार हो गए, लेकिन शिष्य डूबने लगा और मदद के लिए जोर-जोर से चिल्लाने लगा। जीजस उसकी ओर नीचे की तरफ देखते हुए बोले, "मेरे बच्चे, क्या हुआ, तुम क्यों फिसल गए?"

भयभीत हृदय और आँखों से आँसू बहाते हुए वह काँपती हुई आवाज में बोला, "प्रभु, इतनी विशाल लहर को आते देखकर मैं भयभीत हो गया। मुझे लगा कि वह मुझे अपने साथ ही बहाकर ले जाएगी। मैं डर से भर गया और डूबने लगा; अब आप मेरी मदद करो, मुझे बचा लो प्रभु!"

जीजस ने ठंडी आह भरी और कहा, "जब तुम्हारा हृदय डर से भरा हुआ है तो उसमें विश्वास के लिए कोई जगह ही नहीं है। काश, तुमने लहरों के मालिक के बारे में सोचा होता, परंतु तुमने केवल लहरों के बारे में ही सोचा।"

जैसे डर विश्वास को खत्म कर देता है, ठीक वैसे ही सूर्योदय की किरणों की गरमी के साथ प्रातःकाल की ओस गायब हो जाती है। आत्मविश्वास

ही वह धरोहर है जिसकी तुम्हें आवश्यकता है। यदि तुम में आत्मविश्वास है, तुम किसी भी रास्ते पर चल सकते हो, भले ही वह कितना भी कठिन क्यों न हो।

23

'बस करो, पूजा'

''जब आपको किसी बच्चे को उसकी किसी चूक या गलती के लिए डाँटना हो, तो उस पर एकदम से झपट्टा मत मारिए, न ही उसे चीख-चिल्लाकर आतंकित करिए।''

पूजा एक छोटी सी नटखट लड़की थी। उसे गली के लड़कों के साथ खेलना अच्छा लगता था। वह उनके साथ क्रिकेट भी खेलती थी और बहुत सफाई से गुलेल भी चलाती थी। वह लड़कों की तरह ही रहती, बोलती और चलती थी। वह हाफ पेंट और टी-शर्ट ही पहना करती थी। उसे फ्रॉक और स्कर्ट पहनने से नफरत थी। उसके सिर के बाल भी लड़कों की तरह ही थे; केवल इतने लंबे की बस कंघी करने लायक।

उसके माता-पिता अकसर उससे परेशान रहा करते थे, क्योंकि वह कोई-न-कोई शरारत करती ही रहती थी। जैसे ही वह नहाने के लिए गई, माँ ने पीछे से आवाज दी, ''बस करो पूजा, इतनी देर तक मत नहाओ; बहुत देर हो रही है।'' नाश्ते की टेबल पर पूजा से अचानक दूध गिर गया, फिर उसकी माँ ने फटकार लगाई, ''बस करो पूजा, थोड़ा ध्यान से काम किया करो।''

पूजा स्कूल जाने के लिए दुखी चेहरे के साथ उठी, उसने अपने पीछे अनमने ढंग से दरवाजा जोर से बंद किया। उसकी माँ पीछे से चिल्लाई, ''बस करो पूजा, इतनी जोर से दरवाजा बंद करते हैं क्या?'' लेकिन पूजा ने ध्यान नहीं दिया; वह परेशान थी।

पूजा स्कूल से घर वापस आई, उसकी कोहनी में चोट लगी हुई थी, कमीज फटी हुई थी। उसके गालों पर खरोंचें थीं और वह कीचड़ से लथपथ थी। उसकी माँ ने उसकी ओर एक नजर देखा और बोली, ''क्या तुम फिर अरुण और दमन के साथ लड़कर आई हो? बस करो पूजा, तुम कभी यह याद नहीं रख सकती कि तुम एक लड़की हो? क्या तुम कभी समझदार बनोगी या नहीं?''

पूजा अपनी माँ को विद्रोही नजर से देखते हुए बोली, ''उन्होंने मुझे पहले धकेला! मैं भला क्यों सहन करती? मुझे उन्हें मारना पड़ा। मैं इतनी कमजोर नहीं हूँ।'' माँ ने कहा, ''बस करो पूजा, तुम यह जान लो कि तुम लड़कों के साथ हाथापाई में नहीं जीत सकती, वे लड़कियों से ज्यादा ताकतवर होते हैं।''

शाम के समय, पूजा अपना होम-वर्क कर रही थी। माँ आकर उसके कंधों के ऊपर से झाँककर बोली, ''बस करो पूजा, क्या तुम थोड़ी सफाई से नहीं लिख सकती?''

पूजा बात काटते हुए गुस्से में बोल पड़ी, ''नहीं माँ, मैं नहीं कर सकती।

मुझे इस काम से नफरत है।'' माँ ने उसे फिर से फटकारते हुए कहा, ''तो फिर ठीक है; लेकिन जब तुम्हारी टीचर तुम्हें ऐसे अस्त-व्यस्त लेखन के लिए दंडित करेंगी तो फिर मेरे पास नहीं आना। मैं तुम्हारी हरकतों से तंग आ गई हूँ।''

दिन गुजर गया। उस शाम को पूजा टी.वी. पर कार्टून देख रही थी। तभी उसके पिताजी काम से घर लौटे। उन्होंने पूजा से कहा, ''बस करो पूजा बेटा, इतने पास से टी.वी. मत देखो। तुम्हारी आँखों पर जोर पड़ रहा है।'' पूजा ने अपनी कुरसी थोड़ी पीछे सरका ली और टी.वी. देखना जारी रखा।

माँ ने चिढ़कर आवाज दी, ''क्या तुम नहीं समझती कि तुम्हें खड़ा होकर अपने पिता को प्रणाम करना चाहिए? कम-से-कम उन्हें एक गिलास पानी लाकर दो।''

पूजा के घर में यह सामान्य प्रकार का दिन था। शाम को पिताजी के कुछ मेहमान घर पर चाय पीने के लिए आए। उनमें से एक व्यक्ति ने पूजा से पूछा, ''तुम्हारा क्या नाम है?'' पूजा ने मासूमियत से जवाब दिया, ''स्कूल में मुझे पूजा कहते हैं। लेकिन घर में मुझे, 'बस करो पूजा' कहा जाता है।'' उस आदमी ने छोटी बच्ची को संदेह भरी नजरों से देखते हुए कहा, ''घर में तुम्हें... 'बस करो पूजा' कहा जाता है... ?'' ''जी, बस करो पूजा,'' उसने विश्वासपूर्वक दुहराया।

शायद, हममें से भी कई लोग पूजा के माता-पिता की तरह ही हैं। हम भी अपने बच्चों के नाम में, अकसर कुछ अपमानजनक प्रत्यय जोड़ते रहते हैं। हर समय हम उन्हें आदेश या उपदेश देते रहते हैं या फटकारते रहते हैं। हमें भी सावधानी से बच्चों से बात करनी चाहिए। यदि कभी हम अपने आपको उनके स्थान पर रखें तो हमें एहसास होगा कि जब हम उन्हें डाँटते हैं तो उन्हें कैसा महसूस होता है। जाहिर है, जूते को पहनने वाले को ही तो मालूम होता है कि जूता कहाँ पर काटता है।

24

'तुम वहीं हो, जहाँ तुम्हारा मन है'

''ईश्वर तो भाव-प्रिय हैं, परिमाण-प्रिय नहीं।''

हरि चरण कमल
ध्यान धरो
हरि
भजन बिना
सुख शान्ति
नहीं

शिवांगी ईश्वर से प्रेम करनेवाली एक जवान लड़की थी। वह अपना अधिकांश समय पूजा-पाठ और ईश्वर के भजन में व्यतीत करती थी। उसके माता-पिता ने उसका विवाह एक बहुत अच्छे परिवार के लड़के से किया। शिवांगी अपने विवाह के बाद जल्द ही यह जानकर बहुत दुखी और निराश हुई कि उसका पति अभय नियमित शराबी था और उसे ईश्वर तत्त्व में कोई रुचि नहीं थी।

हर शाम जब शिवांगी ईश्वर की प्रार्थना करने के लिए बैठती थी, अभय उसके साथ दुर्व्यवहार करता एवं गुस्सा प्रकट करता था। वह शिवांगी को अपने साथ बैठने के लिए मजबूर करता, क्योंकि वह उसे बहुत चाहता था। शिवांगी को अपने नव-विवाहित पति को खुश करने के लिए अपनी शाम की प्रार्थना के नित्य क्रम को भी त्यागना पड़ा।

जैसे-तैसे कई महीने और फिर कई वर्ष बीत गए। आखिर शिवांगी ने प्रतिदिन एक घंटा संध्या-वंदन करने के लिए अपने पति से इजाजत ले ली थी। शिवांगी के अत्यधिक स्नेह एवं प्रेम के कारण वह भी काफी बदल सा गया था। वह अब कम पीने लगा था। उस पर अब शिवांगी की धाक जम गई थी और वह उसे शराब पीने के अवगुणों के बारे में समझाती रहती थी।

प्रत्येक शाम अभय शराब पीने के लिए बैठ जाता था। लेकिन उसे अपनी पत्नी के साथ की कमी महसूस होती थी। वह लगातार उसके बारे में ही सोचता रहता था। उसकी कल्पना में भजन गाती हुई शिवांगी ही उभरती थी। वह एक घंटा बीतने का इंतजार करता था कि वह आए और उसके साथ बैठे। भजन वाले कमरे में शिवांगी हारमोनियम बजाकर ईश्वर-भजन करती थी। लेकिन उसका मन अपने पति को ओर रहता था, वह अपने मन की आँखों से देखती थी कि अभय एक के बाद दूसरा, फिर तीसरा गिलास शराब पी रहा है। वह ईश्वर से प्रार्थना करती रहती थी कि वह उसके पति की आदतों को बदल दें। इसी तरह कई वर्ष बीत गए।

एक रात शिवांगी ने एक सपना देखा कि शिवांगी एवं अभय ईश्वर के सामने घुटने टेककर बैठे हैं।

ईश्वर ने कहा : शिवांगी, अभय तुमसे भी अधिक मेरी भक्ति करता है।

शिवांगी : प्रभु! यह कैसे संभव है ? मैं आपकी महिमा के गीत गाती

हूँ, लेकिन वह तो प्रत्येक शाम शराब पीने में बिताता है।

ईश्वर : तुम शारीरिक रूप से तो भजन के कमरे में रहती हो, पर मानसिक रूप से तुम्हारा ध्यान शराब पर रहता है। तुम केवल अभय की शराब के बारे में सोचती रहती हो। इस तरह शराब तुममें है और तुम शराब में हो। लेकिन जब अभय शराब पीता है, वह निरंतर प्रार्थना एवं भजन के बारे में सोचता है। यहाँ तक कि वह मन-ही-मन भजन गुनगुनाता है और कल्पना करता है कि तुम भजन गा रही हो। इस तरह प्रार्थना उसमें है और वह प्रार्थना में है।

शिवांगी : लेकिन प्रभु···!

ईश्वर : नहीं, मेरी बच्ची। जब तुम मुझे अपने हृदय के मर्म से स्मरण करती हो, तब तुम अनुभव कर सकती हो कि मैं तुममें हूँ और तुम मुझमें हो।

ईश्वर से संवाद करना ही प्रार्थना है। प्रार्थना करते समय ईश्वर से संबंध स्थापित करने की कोशिश करो। जब तक तुम्हें अनुभव न हो कि वह तुम्हें देख रहे हैं, सुन रहे हैं, तुम्हारा मार्गदर्शन कर रहे हैं और तुम्हारी रक्षा कर रहे हैं, तब तक प्रार्थना का कोई महत्त्व नहीं है।

बाबा कहते हैं—ईश्वर की भक्ति में तुमने कितने घंटे लगाए, यह महत्त्व नहीं रखता, बल्कि महत्त्वपूर्ण यह है कि उन घंटों में वास्तव में तुमने कितनी भक्ति की।

25

'माँ, तुम कहाँ हो'

''प्राय: ऐसा कहा जाता है कि प्रेम का कोई रूप नहीं होता। लेकिन प्रेम का रूप होता है। माँ जब अपने बच्चे से प्यार करती है, प्रेम का प्रतिबिंब हो जाती है।''

एक दिन ग्यारह वर्षीय अर्णव घर पहुँचा तो उसे घर खाली मिला। वह अपने माता-पिता के साथ नदिया के किनारे एक छोटी सी झोंपड़ी में रहता था। उनके घर से कुछ ही दूर घना जंगल था। अर्णव ने देखा कि खाना पकाकर रसोई में रखा हुआ है। उसे आश्चर्य हुआ कि उनकी झोंपड़ी के दरवाजे पर कोई ताला भी नहीं लगा था। उसने जोर से आवाज दी, 'माँ, माँ,'। वह जंगल की ओर भी गया और तब तक चिल्लाता रहा, जब तक कि उसका गला बैठ नहीं गया। उसने देखा कि उसकी माँ की पुरानी शॉल, नदी के किनारे एक झाड़ी में उलझी हुई थी।

अर्णव अपने माता-पिता के बीच होनेवाले रोज-रोज के लड़ाई-झगड़े से परिचित था। आज सुबह भी जब वह स्कूल जानेवाला था, तो उनका झगड़ा हुआ था। पिताजी भी देर शाम तक लौटकर घर नहीं आए। अर्णव सारा दिन रोता रहा और यह सोचता रहा कि कहीं उसकी माँ हमेशा के लिए तो नहीं चली गई या फिर उसने नदी में कूदकर अपनी जान तो नहीं दे दी। वह जानता था कि उसकी माँ रोज-रोज के लड़ाई-झगड़े से दुखी जीवन बिता रही थी।

देर शाम को जब उसके पिता घर लौटकर आए तो उसने पूछा, "पिताजी, आप जानते हैं कि माँ कहाँ गई है?" पिता ने अपनी भौएँ चढ़ाईं और रूखेपन से जवाब दिया, "मैं नहीं जानता और मुझे परवाह भी नहीं।"

अर्णव सारी रात प्रार्थना करता रहा। सुबह होने तक उसको विश्वास हो गया कि उसकी माँ हमेशा के लिए उसे छोड़कर चली गई है। उसका मन कड़वाहट से भर गया, उसने सोचा उसकी माँ कितनी स्वार्थी निकली कि उसने उसको इस संसार में अकेला छोड़ दिया। एक माँ का केवल अपने बारे में सोचना और अपने बच्चे की जरूरतों को नजरअंदाज कर देना कितना कठोर है? अकेलापन, दुःख और कड़वाहट अर्णव को पागल किए जा रहे थे। पिता को कोई परवाह नहीं थी। वह काम करने के लिए खेत की ओर चला गया। भूख और थकान से व्याकुल अर्णव नीम के पेड़ के नीचे ही सो गया।

"अर्णव-अर्णव उठो, मेरे बेटे, आओ, चलो घर के अंदर चले, यहाँ पर बहुत गरमी है।" उसे ऐसा लगा मानो यह आवाज किसी और दुनिया से आ रही थी। उसके जलते हुए माथे पर ठंडा हाथ रखे जाने से अर्णव को असलियत का भान हुआ। वो अपनी माँ की ओर अविश्वास भरी नजरों से देखते हुए बोला, "तुम वापस आ गई?" उसने सहमति में सिर हिलाया और उठने में उसकी मदद की। दोनों साथ-साथ झोंपड़ी के अंदर आ गए।

''हरि नदी पार करके आया था। उसकी पत्नी को बच्चा होनेवाला था। उसको प्रसव पीड़ा हो रही थी। वह आया और मुझे नाव पर बैठाकर ले गया। मैंने सोचा था कि मैं शाम तक लौट आऊँगी। लेकिन उसे काफी समय लग गया। उसने एक लड़की को जन्म दिया है। जैसे ही वो सामान्य स्थिति में आई, मैं जल्दी-जल्दी वापस आ आई। मुझे माफ करना बेटे, क्या तुम मेरे लिए चिंता कर रहे थे?'' माँ ने हमेशा की तरह शांत स्वर में पूछा।

अर्नव निशब्द रह गया और बहुत शर्मिंदा हुआ। ''मैंने आपका शॉल नदी किनारे देखा,'' वह फुसफुसाया। ''ओह! जब मैं हरि के साथ जल्दी-जल्दी जा रही थी तो शॉल झाड़ियों में अटक गई। मैंने सोचा कि यदि मैं शॉल छुड़ाने की कोशिश करती हूँ तो हमें और देर हो जाएगी। इसलिए मैंने हरि से कहा कि मैं उसे बाद में ले लूँगी। उसकी पत्नी को तब मेरी बेहद जरूरत थी। मेरा जल्द पहुँचना अनिवार्य था।''

अर्णव अपने आप में बहुत शर्मिंदा हुआ। उसने अपनी माँ के बारे में ऐसी गलत बातें क्यों सोचीं? वह एक अच्छी औरत थी और किसी की सहायता करने को गई थी। वह हमेशा अर्णव के पास ही तो रहती थी। उसे अपनी माँ के प्रति शंका कैसे हो गई? उसको उसके प्यार पर संदेह कैसे हो गया?

बुद्धिजीवी कहते हैं कि ईश्वर हर जगह नहीं रह सकता, इसलिए उसने 'माँ' को बनाया। पृथ्वी पर सिर्फ माँ ही वो प्राणी है, जो बिना शर्त अपना प्यार लुटाती है। कोई स्वार्थ नहीं···कोई बंधन नहीं।

माँ तो केवल देना ही जानती हैं, केवल देना, देना, देना···उसके शब्दकोश में लेना शब्द ही नहीं है। वह केवल माँ ही है, जो स्वयं के दुखों को उसी फूलदान में डाल देती है, जिसमें उसके बच्चे पानी प्रदान करते हों ताकि वह अपने बच्चों को फलता-फूलता देख सके। ईश्वर ने माताओं को इतना मजबूत बनाया है कि वे अपनी जिम्मेदारियों से कभी भागती नहीं। यदि कभी उन्हें भागने की जरूरत पड़े तो वे अपनी जिम्मेदारियों को निभाने के लिए भागती हैं, उनसे दूर जाने के लिए नहीं।

चलो, आज हम सब मिलकर सभी माताओं के लिए दुआ माँगें, ''हे भगवान्! सभी माताओं को आशीर्वाद देना, उनपर कृपा करना!'' चूँकि कितनी हजारों बार माँओं ने अपने बच्चों के लिए भगवान् से दुआ माँगी होगी!

26

'शराबी ड्राइवर'

"अकसर हम दूसरों के नजरिए से किसी बात को नहीं देखते; जो कुछ हमारे लाभ के लिए है, वही हमें न्यायसंगत दिखाई पड़ता है।"

छोटी सी अर्पिता ने अपने पिता का ध्यान अपनी ओर आकर्षित करने के लिए उनकी बाजू को जोर से खींचा, जबकि वह दोपहर के भोजन के बाद, बगीचे में लगे झूले पर सुस्ता रहे थे, "पापा, क्या आप मुझे सौ रुपए दे सकते हो?" पिता ने उनींदे भाव से पूछा, "इस समय क्या करना हैं तुम्हें इन पैसों का?" "मुझे एक घड़ी खरीदनी है," वह बेचैनी के साथ बोली।

उससे पीछा छुड़ाने के लिए पिता ने अपना बटुआ निकाला और उसे सौ रुपए दे दिए, "चलो, अब कुछ देर मुझे सुस्ताने दो।" कुछ समय के बाद शाम को पिता ने अपनी पुत्री को साफ-सुथरे कपड़ों के साथ-साथ एक पुरानी सी घड़ी हाथ में पहनी हुई देखी। उसने पूछा, "अर्पिता, तुम्हें यह घड़ी कहाँ से प्राप्त हुई है?" "इसे मैंने खरीदा है," वह बोली।

"तुमने खरीदी है? क्यों? और किससे?"

"अपनी मित्र नीना से। दरअसल उसे अपनी माँ की बिदाई के लिए उपहार खरीदने के लिए कुछ रुपयों की आवश्यकता थी। इसलिए उसने मुझे यह घड़ी बेच दी।" बच्ची ने पूरी दृढतापूर्वक जवाब दिया।

"बिटिया, क्या मैं जान सकता हूँ कि उसको रकम की आवश्यकता क्यों पड़ी और तुम्हें यह सब करने की क्या जरूरत थी? यदि उसे सौ रुपए की जरूरत थी तो तुम उसे ऐसे ही दे देती, इससे मुझे कोई परेशानी नहीं होती।"

"ओह पापा, लेकिन वह मुफ्त में पैसे लेने को तैयार नहीं थी, इसलिए मैंने उससे घड़ी ली। उसे अपनी माँ के लिए लिपिस्टिक और काँच की चूड़ियाँ खरीदनी थी।"

"उसे यह सब क्यों खरीदनी थीं?"

"क्योंकि उसकी माँ का कल देहांत हो गया। नीना ने कहा कि उसकी माँ पिछले कई महीनों से गुलाबी रंग की लिपिस्टिक और काँच की चूड़ियाँ लेना चाहती थी, लेकिन उसके लिए उसके पास पर्याप्त पैसे कभी जमा नहीं हो पाए। अब जबकि उसे अंतिम बिदाई देने का समय आ गया था, वह चाहती थी कि उसकी माँ के पास अंतिम समय में ही सही, उसकी पसंदीदा चीजें हो जाएँ।"

उस लड़की की अपनी माँ के प्रति प्रेम की भावना को सुनकर वह द्रवित हो गया। अपनी बेटी के साथ उस लड़की की माँ के अंतिम संस्कार में शामिल

होने चला गया। जैसे ही वे उस स्थान पर पहुँचे और मृतिका को श्रद्धांजलि देने के लिए आगे बढ़े, उसने गुलाबी लिपिस्टिक और काँच की चूड़ियाँ देखीं, जो मृतिका ने पहन रखी थीं। साथ ही उसने यह भी देखा कि यह महिला तो वही थी, जिसे दो रात पहले, वह शराब के नशे में तेज गति से गाड़ी चलते हुए कुचल आया था। चूँकि उसका अपराध किसी ने देखा नहीं था, वह वहाँ से भाग गया था।

उसने देखा कि छोटी सी नीना अपनी माँ के शरीर को आखिरी बार बिदा करते हुए गले लगाकर फूट-फूटकर रो रही थी। उसने उसके पति को भी देखा जो पूरी तरह बेसुध हो गया था। उसे यह एहसास हो गया कि उसने शराब के नशे में न सिर्फ एक जिंदगी ही खत्म की थी, बल्कि उसने एक पति और एक बच्ची से उनका प्यार और हँसी-खुशी भी छीन ली थी। और इस सबके लिए वही जिम्मेदार था, एक गैर-जिम्मेदार शराबी ड्राइवर, जिसे अपनी नाक के आगे कुछ दिखाई नहीं दिया!

आप या आपके सामने अगर कोई शराब पीकर गाड़ी चलाता है तो¨छोटी सी नीना को याद जरूर करना। किसी को भी यह अधिकार नहीं है कि वह दूसरे की जिंदगी से उसकी मुसकराहट छीन ले। अपने लिए भी और दूसरों के लिए भी जिम्मेदार बनो।

27

'कछुआ और चींटी'

"अकेला ईश्वर ही जीवन देने वाला, उसका संरक्षक और जीवन का उद्देश्य भी है।"

अल्लाह ने पैगंबर सुलेमान को प्रकृति के ऊपर विशेष रूप से शक्तियाँ सौपी थीं। वह पशु-पक्षियों को समझ सकते थे और उनसे संपर्क स्थापित कर सकते थे। एक दिन पैगंबर नदी के किनारे बैठकर प्रकृति में ईश्वर की सुंदर अभिव्यक्ति को निहार रहे थे। उन्होंने देखा कि एक चींटी अपने मुँह में गेहूँ का एक दाना लेकर धीरे-धीरे चल रही है। वह चींटी नदी के किनारे पर तब तक इंतजार करती रही जब तक की एक कछुआ, पानी से बाहर नहीं आया। उसके बाद वह कछुए के मुँह के भीतर प्रवेश कर गई। कछुए ने अपना मुँह बंद कर लिया और पानी के भीतर गोता लगा दिया। कुछ समय बाद कछुआ बाहर आया और उसने अपने चेहरे को रेत के ऊपर बिछा दिया। कछुए ने मुँह खोला और वह चींटी सहज भाव से बाहर आ गई। पैगंबर सुलेमान ने देखा कि उसके मुँह में अब गेहूँ का दाना नहीं था।

पैगंबर के अंदर जिज्ञासा पैदा हुई। उसने चींटी से प्रश्न किया तो चींटी बोली, ''मेरे चचेरे भाइयों में से एक अंधा है। वह नदी के तल पर एक पत्थर के नीचे पैदा हुआ था। वह अपने अंधेपन के कारण अगल-बगल घूम नहीं सकता। ईश्वर ने उसे भोजन उपलब्ध कराने की जिम्मेदारी मुझे और इस कछुए को सौंपी है। हमने अपने फर्ज को पूरा करने के लिए इस प्रकार का उपाय किया है।''

पशुओं की दुनिया में भी कम भाग्यशाली प्राणियों के लिए सद्‌भावना व चिंता है। ईश्वर ही संसार के प्रत्येक जीव को उसका आहार प्रदान करते हैं। तो हमें एक पल के लिए भी क्यों यह संदेह होता है कि वह हमें भूखा या दीन रखेंगे?

ईश्वर पर विश्वास सबसे महत्त्वपूर्ण है। भरोसा रखो कि जो जीवनरूपी नाटक का सबसे बड़ा निर्देशक है, और जिसने हमें एक पात्र के रूप में अपनी भूमिका अदा करने का मौका दिया है, उसने पहले से ही सभी इंतजाम व योजनाएँ बना रखी हैं। इसके साथ-साथ वह चाहता है कि हम अपनी भूमिका के अनुरूप अपना काम करें; आलसी न बनें, क्योंकि हमारा कर्म भी उसके मास्टर-प्लान का हिस्सा है।

चूँकि इसलाम का अर्थ ईश्वर को समर्पण है; जो भी ईश्वर की भक्ति

से ओत-प्रोत है और उसके शरणागत है, जो समाज में शांतिपूर्वक और मेल-मिलाप के साथ रहते हैं, वे ही सच्चे अर्थ में इसलाम को मानने वाले हैं। इसलाम मन, वचन और कर्म में पूरा समन्वय रखने पर बल देता है।

28

'एक मिनट मुझे दो'

''जिस माँ ने इतने प्यार, दुलार व बलिदान से तुम्हें पाला है, उनका सम्मान जरूर करो।''

OPERATION THE
BLOOD BANK
NO ADMISSION

सुबह 7 बजे का समय था, जब तरुण की माँ उसको जगाने का अथक प्रयास कर रही थी। ''बच्चे! उठो, स्कूल के लिए देर हो रही है,'' ''मम्मी, बस एक मिनट,'' तरुण उनींदे भाव से बोला। वह उसे बिस्तर से उठाने की कोशिश करती रही। उसे उठाने में पंद्रह मिनट लग गए। वह देर से स्कूल पहुँचा, परंतु ऐसा प्रायः हर दिन होता था। यह बात तरुण की समझ में कभी नहीं आती थी कि यह गलत है। ऐसा लगता था मानो वह बहरा हो।

स्कूल से आने के बाद, माँ उसे खाने की टेबल पर बिठाकर खाना खिलाती थी। यदि वह एक पल के लिए भी रसोईघर की ओर जाती, वह झपटकर टी.वी. की ओर भागता और कार्टून चैनल लगा लेता। जब वह उसे मना करती तो वह कहता, ''बस एक मिनट माँ।'' और फिर उसकी प्रतीक्षा में पता नहीं कितने मिनट बीत जाते। पढ़ाई के टेबल पर भी वह बैठा-बैठा ख्वाब देखना शुरू कर देता। ''तरुण, क्या तुम पढ़ रहे हो? तुम पढ़ाई पर ध्यान क्यों नहीं लगाते?'' वह फुसफुसाते हुए कहता, ''बस एक मिनट, माँ।'' और पुनः अपने ख्वाबों में खो जाता।

दिन-पर-दिन गुजरते गए। नहाने का समय, स्कूल का समय, पढ़ने का समय, खेलने का समय, सोने का समय…कोई भी समय; तरुण अपनी हरकतों से अपनी माँ को भावावेग में पागल बना डालता। हर समय यही कहता—''माँ, बस एक मिनट!''

एक अँधेरी तूफानी शाम को माँ नानी को मिलने उनके घर गई थी। रात्रि 8 बजे तरुण और उसके पिता टी.वी. देख रहे थे, तभी फोन की घंटी बजी। तेज आवाज में किसी ने उधर से कहा, ''मैं गणेश अस्पताल से बोल रहा हूँ, क्या यह श्रीमती रेखा कुमार का घर है? कोई राहगीर उन्हें आपात कक्ष में लेकर आया है। लगता है यह हिट ऐंड रन केस है। उनकी स्थिति नाजुक है। कृपया जितनी जल्दी हो सके, उतनी जल्दी आ जाइए।'' तरुण के पिता का संसार जैसे चक्कर सा खा गया। उन्होंने तरुण की बाजू पकड़ी और उसे कार के भीतर बैठाया। उन्होंने कार को ऐसा चलाया मानो कार में पंख लगे हों। जब उन्होंने माँ को देखा तो उन्हें स्ट्रेचर पर डालकर आपातकालीन ऑपरेशन थिएटर में ले जाया जा रहा था। उनकी पसली और हड्डियाँ टूटी हुई थीं, उनके माथे पर गहरा घाव था और मस्तिष्क में भी आघात लगा था। वह बेहोश थीं। ''मुझे

उन्हें देख लेने दीजिए, मात्र एक मिनट के लिए,'' तरुण ने याचना की। लेकिन समय तेजी से भाग रहा था और उनके शरीर का काफी खून भी बह चुका था।

तरुण और उसके पिता ऑपरेशन थिएटर के बाहर इंतजार में बैठ गए। तरुण ने कल्पना में अपनी माँ को देखा कि वह उसे बुला रही हैं। वह मन-ही-मन बुद्बुदाया—''मात्र एक मिनट का समय मुझे दो, मम्मी।'' ''नहीं,'' तरुण घबराकर चिल्ला उठा—''माँ, मुझे एक मौका और दीजिए। मैं कभी आपको किसी बात के लिए इंतजार करने को नहीं कहूँगा। जब भी आपको मेरी जरूरत होगी, मैं तुरंत आ जाऊँगा।'' लेकिन ईश्वर ने उसकी माँ के लिए कोई दूसरी ही योजना बना रखी थी। अब तरुण की बारी थी कि वह माँ से निवेदन करे—''माँ, मात्र एक मिनट दीजिए'' और अब माँ की बारी थी कि वह कही को अनसुनी कर दें; उनके कान बहरे हो गए थे। उनके पास उसे देने के लिए एक मिनट का समय भी नहीं था, क्योंकि उनके जीवन की कहानी अभी-अभी समाप्त हो गई थी। जैसी कि कहावत है—'समय और लहरें किसी का इंतजार नहीं करतीं।'

अपने माँ-बाप या किसी अन्य को जो आपसे प्रेम करते हैं, कभी भी बेवजह इंतजार मत कराइए। आपके प्रेमीजनों के इंतजार के लिए जीवन बहुत छोटा है। खुशी फैलाइए तथा सभी को प्रेम कीजिए। कौन जानता है कि आपसे दुबारा मुलाकात हो-न-हो!

29

राजकुमार मोहजीत

''शोक एवं विपत्तियाँ उन बादलों की तरह हैं, जो आकाश के आर-पार उड़ते रहते हैं, परंतु वे आकाश की नीली गहराइयों को क्षति नहीं पहुँचा सकते।''

यह राजकुमार मोहजीत (जिसने मोह को जीत लिया हो) की कहानी है। एक दिन राजकुमार जंगल में रहनेवाले एक साधु के आश्रम में गया। वहाँ उसने आध्यात्मिकता के रास्ते पर चलने के लिए, उनसे मार्गदर्शन प्रदान करने का निवेदन किया। साधु ने उससे पूछा, ''क्या तुमने मोह पर विजय पा ली है, जैसाकि तुम्हारा नाम 'मोहजीत' बताता है?'' राजकुमार ने उत्तर दिया, ''ओह! सिर्फ मैंने ही नहीं, मेरे सहित मेरे राज्य के प्रत्येक व्यक्ति ने मोह पर विजय पा ली है।'' उसका यह दावा बहुत विशाल था, इसलिए साधु ने परीक्षा लेने की ठानी। उन्होंने राजकुमार के पहने हुए वस्त्रों को लिया और उन्हें खून के रंग से रँग दिया। इसके बाद वह राजमहल में गया और वहाँ उसने दरबान और नौकरानी को राजकुमार के निर्मम कत्ल होने की कहानी सुनाई।

नौकरानी ने कहा, ''जो भी जन्म लेता है, उसका मरना अनिवार्य है। राजा के पास जाने एवं उन्हें सूचित करने के लिए अपने कार्य को छोड़ने की क्या जरूरत है? जब मैं अपना काम पूरा कर लूँगी, तो जाकर उन्हें बता दूँगी।''

आखिर साधु शाम को राजा से भेंट करने में सफल हुआ। उसने दुखद समाचार राजा और रानी को सुनाया। राजा बोला, ''उस पक्षी ने हमारे वृक्ष पर कुछ समय के लिए विश्राम किया, उसे किसी दिन तो उड़ ही जाना था।'' रानी बोली, ''यह ईश्वर की इच्छा है; यदि उसका निर्धारित समय आ गया था, तो हम उसे रोक नहीं सकते थे।'' उनके चेहरे पर विपत्ति का कोई चिह्न दिखाई न दिया। उनकी आँखों से आँसू भी नहीं छलके। आश्चर्यचकित साधु ने राजकुमार की पत्नी से मिलने की इच्छा जाहिर की। उन्होंने उससे कहा कि राजकुमार का कत्ल हो गया है। उसने शांतिपूर्वक जवाब दिया, ''जीवन ने हम दोनों को कुछ समय के लिए नदी में तैर रही लकड़ी के दो टुकड़ों की तरह मिला दिया था। एक दिन दोनों टुकड़ों को अलग तो होना ही था। हम मिले, अत: हमें अलग होना ही था। यह कटु सत्य है, हम सबके जीवन का यही सच है।''

साधु आश्चर्यचकित हुए। उन्होंने ईश्वर की इच्छा के प्रति इस प्रकार की निर्लिप्तता या शरणागति को कभी नहीं देखा था। वह वापस जंगल लौटे। उन्होंने इस नाटक को कुछ और लंबा खींचने का निश्चय किया। उन्होंने राजकुमार से कहा, ''ओ राजकुमार! जब तुमने अपने राज्य को छोड़ा, तब पड़ोसी राज्य के राजा ने तुम्हारे प्रदेश पर आक्रमण कर दिया। तुम्हारे समूचे वंश

का नाश हो गया है। तुम्हारे राज्य को हथिया लिया गया है तथा तुम्हारी प्रजा को गुलाम बना लिया गया है।'' राजकुमार ने अपलक नेत्रों से सारी बात को सुना, फिर बोला, ''सभी रिश्तेदारियाँ सांसारिक तथा अस्थायी प्रकृति की होती हैं। मुझे वह ज्ञान दीजिए जो दिव्य एवं स्थायी है। ओ मेरे मालिक! मुझे मृत्यु से अमरत्व की ओर जाने के लिए मार्गदर्शन कीजिए।''

यह कहानी श्री सत्य साईं बाबा द्वारा काफी समय पूर्व एक बातचीत के दौरान सुनाई गई थी। वे कहते हैं कि ऐसा साहस ईश्वर की कृपा होने पर ही प्राप्त होता है और इसके लिए कई पुश्तों की तपस्या लग जाती है। हम तो पहला कदम उठा सकते हैं, अर्थात् मन को शुद्ध करना और सद्गुणों का परिष्कार करना। हममें से जो यह कदम भी उठाना नहीं चाहते हैं, कम-से-कम दूसरों को देखकर, उनकी हँसी उड़ाकर, उन्हें हतोत्साहित तो न करें।

30

खेल-दादा

“जो दिव्य प्रेम से भरा है, वह निडर होगा, दूसरों से कुछ नहीं चाहेगा, अपनी खुशी का मालिक होगा और अपने प्रेम को प्रकट करने में निस्स्वार्थ होगा।”

RUSKIN
PLAY TIME
ONWARDS

खेल-दादा

एक बूढ़ा व्यक्ति खिलौने की दुकान पर अकसर आया करता था। प्रत्येक सप्ताहांत वह वहाँ से दो-चार खिलौने खरीदता भी था। वह ऐसा वर्षों से कर रहा था। दुकान पर एक नौजवान लड़की बिक्री का कार्यभार सँभालती थी। वह अकसर उसे कहा करती थी, ''आप अपने पोते-पोतियों के अत्यधिक प्रिय होंगे। वे आप जैसे दादा पाकर बहुत भाग्यशाली हैं।'' जब भी वह उस दुकान पर जाता, सेल्सगर्ल जल्दी से उसके पास आकर नए-नए खिलौने दिखाती थी।

एक शनिवार उसने गुलाबी रंग की एक गुड़िया खरीदी, जिसमें से सुरीला संगीत निकालता था और उससे आवाज आती थी, ''दादा तुमसे प्रेम करते हैं, दादा तुमसे प्रेम करते हैं।'' दूसरे शनिवार उन्होंने एक नीला टेडी बीयर खरीदा और एक रेलगाड़ी भी। सेल्सगर्ल ने पूछा, ''क्या आपकी पोती ने उन खिलौनों को पसंद किया, जो आपने पिछली बार खरीदे थे?'' बूढ़ा आदमी स्पष्ट रूप से मुसकराया और बोला, ''हाँ-हाँ, उसने उन्हें बहुत पसंद किया।''

अगले शनिवार को उसने स्क्रेब्ल के अक्षर का एक डिब्बा और जोड़कर बनाने वाले जिग-सौ-पज्ज्ल के कुछ ब्लॉक्स खरीदे।

एक दिन स्टोर की सेल्सगर्ल को अपनी बीमार चाची को देखने के लिए अस्पताल जाना पड़ा। चौथी मंजिल पर स्थित प्राइवेट वार्ड के गलियारे पर जैसे ही वह पहुँची, उसे वार्ड के आखिरी के कमरे से बच्चों की किलकारियों की गूँज सुनाई पड़ी। एक बच्चे ने ठहाके लगते हुए कहा, ''खेल-दादा, राजू मेरे बालों को नोंच रहा है।'' ऐसा लग रहा था मानो वहाँ काफी बड़ी संख्या में बच्चों की पार्टी चल रही हो। उस लड़की को आश्चर्य हुआ, ''ये अस्पताल है या खेल का मैदान?''

उसे जिज्ञासा हुई। वह उस कमरे की ओर बढ़ी। कमरे के बाहर टँगे हुए साइन बोर्ड पर लिखा था—'खेल-आँगन' उसने भीतर की ओर झाँका तो हैरानी से उसकी साँस रुक सी गई। वही बूढ़ा दादा फर्श पर बैठा था, जबकि बहुत से बच्चे चारों तरफ से उसे घेरे हुए थे। एक छोटी सी लड़की उसकी पीठ पर झूला झूल रही थी। वह एक लड़के के साथ स्क्रेब्ल खेल रहा था, जबकि दूसरे को धनुष पर प्रत्यंचा चढ़ाने में सहायता कर रहा था। एक नन्ही सी बच्ची उसकी गोद में लेटी झुनझुने से खेल रही थी। कमरे के दूसरे कोने में पाँच लड़कियों का एक समूह गुड़ियों से खेल रहा था। आश्चर्य था कि सभी

लड़कियाँ बीमार, लेकिन खुश लग रही थीं। अचानक उसकी नजर एक गुलाबी गुड़िया पर पड़ी, जो जानी-पहचानी सी लगी। उसके बाद उसने नीले टेडी बीयर को देखा, फिर खिलौने वाली रेलगाड़ी और अन्य बहुत से खिलौने…।

तभी दादा कि नजर उस सेल्सगर्ल पर पड़ी। उसे पहचानते हुए उन्होंने कहा, "अरे तुम यहाँ क्या कर रही हो? तुम्हें देखकर अच्छा लगा! तुम किस वजह से यहाँ आई हो?" लड़की ने लगभग हकलाते हुए कहा, "क्या आप इन्हीं बच्चों के लिए खिलौने खरीदते रहे हो?"

दादा ने मुसकराते हुए जवाब दिया, "हाँ, ये सभी मेरे पोते-पोतियाँ हैं।" अत्यंत शांत भाव से उन्होंने कहा, "देखो, यह बच्चों का कैंसर वार्ड है और ये सब बच्चे अंतिम रूप से बीमार हैं। मेरी तरह इन बच्चों का जीवन भी बहुत कम समय का है। मैं जानता हूँ कि वे कैसा महसूस करते हैं, इसलिए मैं यहाँ उनके साथ खेलने के लिए आता हूँ।"

तब उस लड़की को मालूम पड़ा कि इस वार्ड में दाखिल बच्चों को सुबह-शाम, एक-एक घंटे के लिए खेल-आँगन में जाने की अनुमति थी। और खेल-दादा प्रतिदिन उनके साथ खेलने के लिए आते थे। सभी बच्चे उन्हें 'खेल-दादा' कहते थे।

खेल-दादा ने कहा, "मैंने अपनी कमाई से कुछ रकम बचाकर रखी हुई थी। मैंने उसे बैंक में जमा कर दिया। बैंक उसका ब्याज मुझे देता है। उस ब्याज की राशि को मैं हर शनिवार खिलौने खरीदने में खर्च करता हूँ। इस तरह मैं उन पैसों से इन नन्हे-मुन्नों के लिए खुशियाँ खरीदता हूँ। यह सिर्फ खुशियों का सौदा है, उससे ज्यादा कुछ नहीं। और इस काम से मुझे भी उतनी ही खुशी मिलती है, जितनी इन्हें।"

किसी ने कहा है कि जीवन को केवल साँसों की संख्या से नहीं नापा जा सकता, बल्कि उन क्षणों से नापा जा सकता है, जिनमें हमारी साँस अचंभित होकर रुक सी जाती है!

31

रोटी में क्या है?

''वर्तमान दौर में लोग कई तरह से धन-संपत्ति अर्जित करते हैं, भीख माँगने से लेकर डाका डालने तक भी। धन-दौलत महत्त्वपूर्ण नहीं है, चरित्र प्राथमिक रूप से महत्त्वपूर्ण है।''

गुरु नानक एवं उनके शिष्य मरदाना एक बार भाई लालो के घर गए। वहाँ उनका हार्दिक स्वागत किया गया। स्वाभाविक अपेक्षा थी कि भाई लालो इस अवसर पर यात्रियों के खाने का कुछ इंतजाम करते। उसने जौ के आटे से बनाई हुई एक बहुत बड़ी रोटी उन्हें दी। वह रोटी बासी थी और दिखने में भी आकर्षक नहीं थी। मरदाना को वैसे तो भूख लगी थी, परंतु रोटी की ओर देखकर वह बोला, "ओह! मैं तो इसे नहीं खाऊँगा।" गुरु नानक ने उसे रोटी का एक छोटा सा टुकड़ा दिया और बोले, "तुम्हें अवश्य खाना चाहिए मरदाना, क्योंकि तुम थके हुए एवं भूखे हो।" मरदाना गुरुजी को इनकार नहीं कर सकता था, इसलिए उसे एक टुकड़ा रोटी खानी पड़ी। उसे रोटी को खाने के बाद अनुभव हुआ कि रोटी का स्वाद आश्चर्यजनक है, किंतु तब गुरु नानक ने उसे और अधिक रोटी देने से यह कहकर इनकार कर दिया कि रोटी के शेष भाग का वितरण अन्य लोगों में भी किया जाना है।

एक दिन जब गुरु नानक भाई लालो के घर में ही ठहरे हुए थे, उन्हें मलिक भागो नामक एक धनी जमींदार से सामाजिक भोज में शामिल होने का निमंत्रण आया। गुरु नानक ने निमंत्रण को अस्वीकार कर दिया, लेकिन मलिक भागो ने बार-बार आग्रह किया कि इस अवसर पर वे आने की कृपा करें।

उसके बहुत आग्रह करने पर गुरु नानक वहाँ जाने को राजी हो गए। वहाँ जाते समय उन्होंने भाई लालो से कहा कि वह अपने घर की बनी हुई जौ की रोटी को साथ लेता चले। जब वे वहाँ पहुँचे, मलिक भागो ने गुरु से पूछा, "ओह, पवित्र आत्मन! कृपया कहें कि आपने मेरे निमंत्रण को पहले क्यों ठुकरा दिया था?" गुरु नानक मुसकराए, "मैं साधारण भोजन करता हूँ, क्योंकि मैं केवल एक फकीर हूँ।" भागो ने उन्हें विभिन्न प्रकार के स्वादिष्ट खाद्य पदार्थ पेश किए, जिन्हें कि इस अवसर के लिए खासतौर पर तैयार किया गया था। गुरु नानक ने पेश किए गए भोज्य पदार्थों में से एक मुट्ठी भर अनाज एक हाथ में लिया और दूसरे हाथ में भाई लालो द्वारा लाई गई जौ की मोटी रोटी को लिया। उन्होंने दोनों हाथों की मुट्ठियों में रखे भोज्य पदार्थों को निचोड़ा। भागो द्वारा परोसे गए भोजन में से खून की धारा बह निकली, परंतु लालो की रोटी से शुद्ध दूध निकला। वहाँ मौजूद सभी व्यक्ति अवाक् रह गए। गुरु नानक ने समझाया, "भागो, तुम्हारे भोजन को गरीब लोगों के पसीने तथा खून

चूसने से मिले अन्न से बनाया गया है, जबकि लालो के भोजन में ईमानदारी से कमाया गया अन्न है।''

यही कारण था कि वे महान् संत मलिक भागो के घर में भोजन करने को अनिच्छुक थे। उसके बार-बार आग्रह करने पर गुरु नानक ने उसके घर जाने का निश्चय किया और उसको यह भी समझाया कि उसकी कमाई का जरिया गलत और घृणित है।

यह विचारणीय है कि आज भी, यदि हममें से प्रत्येक व्यक्ति अपने भीतर झाँककर देखता है, कि हम अपनी कमाई ईमानदारी से करते हैं या दूसरों का खून चूसकर। ऐसा करके हम न सिर्फ अपने ऊपर महान् कृपा करेंगे, बल्कि अपने परिवार, राष्ट्र और पूरे विश्व पर भी कृपा करेंगे।

भ्रष्टाचार हमारी अर्थव्यवस्था की संपत्ति को ठीक उसी प्रकार खा रहा है जैसे दीमक लकड़ी को नष्ट करती है। भ्रष्टाचार और दुष्कर्मों की व्यवस्था को दूर करने का एकमात्र रास्ता यही है कि प्रत्येक व्यक्ति अपने अंदर झाँके और अपने दोषों को दूर भगाने का प्रयत्न करे।

32

'एक नन्ही परी'

"ईश्वर को प्रेम करने से बेहतर कुछ भी नहीं है। प्रेम ही ईश्वर है और केवल प्रेम के रास्ते ही आप ईश्वर में विलीन हो सकते हैं।"

CASH DONATIONS
100

एक (चैरिटेबल ट्रस्ट) परोपकारी संगठन एक मंदिर का निर्माण कर रहा था। धनी लोग उदारता से दान दे रहे थे। वहाँ लगाए जानेवाली संगमरमर की टाइलों की नीलामी हो रही थी। बड़ी टाइलों पर अपना नाम लिखवाने के लिए 1000/- रुपयों का दान देना जरूरी था, जबकि उससे छोटी टाइलों पर नाम लिखवाने के लिए 500/- रुपयों का दान दिया जा सकता था। उनसे भी कुछ कम कीमत वाली टाइलें भी थीं, जिन पर नाम लिखवाने के लिए कम रुपए देने थे। बहुत से लोगों ने हजारों रुपए दान में दिए और संगमरमर की टाइलों पर नाम लिखवाने की खुशी प्राप्त की।

एक छोटी सी बच्ची को पाँच रुपए जेबखर्च के लिए मिलते थे। उसने अपने साप्ताहिक जेवखर्च में से बचाकर 45/- रुपए एकत्रित किए। उसने अपने पापा से विनती की कि वे उसे 55 रुपए कर्ज दें। उन्होंने पूछा कि उसे इसकी क्या आवश्यकता है? उसने कहा, "पापा, मैंने ईश्वर से प्रार्थना की थी कि वह हमें अपना खुद का घर दे। उन्होंने मुझसे कहा है कि उनका घर ही मेरा घर है। इसलिए मैं मंदिर के भवन के निर्माण में सहयोग करना चाहती हूँ, कृपया आप मुझे यह रकम कर्ज में दें।"

पापा मुसकराए और कहा, "ठीक है, बिटिया, लेकिन यह कर्ज नहीं होगा। यह मेरा योगदान है, क्या मैं भी तुम्हारे साथ-साथ ईश्वर के घर के निर्माण में भाग ले सकता हूँ?" वह बच्ची बड़े उत्साह से मंदिर भागती हुई गई और अपनी रकम मंदिर के खजांची को सौंपी। उसने कहा, "बच्चे, जो रुपए हम स्वीकार कर रहे हैं, वह कम-से-कम 101/- हैं, अत: तुम्हें 1 रुपया और लाना होगा।

लड़की की आँखों में आँसू आ गए, वह पुन: घर वापस नहीं जाना चाहती थी, साथ ही उसे यह भी डर था कि कहीं उसके पिता उसे और पैसे देने से मना न कर दे। उसने अपने आँसुओं को छिपाने के लिए अपने सिर को झुका लिया और बरगद के पेड़ के नीचे बैठकर सोचने लगी कि अब वह क्या करे। तभी एक भिखारी आया और भीख देने का निवेदन करने लगा। वह बहुत उदास होकर सोचने लगी, "ओह ईश्वर! तुमने मेरे पैसों को स्वीकार करने से इनकार कर दिया है, इसलिए अब मैं इन्हें इस भिखारी को ही दे देती हूँ।" उसने शांत भाव से भिखारी के फैले हुए हाथ में सौ रुपयों को रख दिया। भिखारी की

आँखें आश्चर्य से खुली-की-खुली रह गईं। उसने रुपयों को कसकर पकड़ लिया और मंदिर के खजाँची के पास भागता हुआ गया और रुपयों को उसके हवाले कर दिया। उसने बड़े उत्साह के साथ अपनी जेब से एक रुपए का चमकता हुआ सिक्का निकाला और कहा, ''महोदय, आपने पहले मेरे एक रुपए के दान को स्वीकार करने से मना कर दिया था, लेकिन अब ईश्वर ने इस रकम को मेरे पास भेजा है। कृपया अब इसे स्वीकार कीजिए, क्योंकि अब यह 101/- की रकम हो गई है।''

खजांची, भिखारी को जिज्ञासापूर्ण ढंग से देखते हुए बोला, ''आप रसीद में किसका नाम लिखवाना चाहते हो?'' भिखारी ने पीछे खड़ी हुई नन्ही बच्ची की ओर देखा और कहा, ''एक नन्ही परी!''

आप कितना दान दे सकते हैं, इसका कोई महत्त्व नहीं है; महत्त्वपूर्ण बात यह है कि आप किस भाव से देते हो।

33

माली का घड़ा

"अनपढ़ या अज्ञानी कहकर अपने माँ–बाप का अनादर मत करो। वे तुम्हारी अपेक्षा बहुत अधिक अनुभवी और ज्ञानी हैं।"

निखिल अभी-अभी एक प्रसिद्ध व्यावसायिक स्कूल से स्नातक हुआ था। उसके पिता एक धनी व्यक्ति थे, जिनका फलता-फूलता कारोबार था। अपने पिता के व्यापार को और आगे बढ़ाने के उद्देश्य से निखिल ने उनके काम में हाथ बँटाना आरंभ कर दिया। लेकिन उसके पिता का कहना था कि वह व्यापार के बुनियादी एवं व्यावहारिक पक्ष को पहले समझे, उसके बाद ही कोई बड़ा बदलाव लाने की सोचे। वह जितना भी अपने पिता के निर्देशों के अनुसार कार्य करने का प्रयत्न करता, उतना ही अधिक उसे निराशा हाथ लगती।

एक दिन वह पूरी तरह से निराश अपने बगीचे में बैठ गया। उसकी बगल में मिट्टी का एक घड़ा रखा था। उसका उपयोग रोज पौधों को पानी देने के लिए किया जाता था। अचानक ही वह घड़ा निखिल से बात करने लगा। वह बोला, ''मित्र, तुम इतने उदास क्यों हो?'' निखिल ने जवाब दिया, ''मैं अपने पिता के दिए निर्देशों के अनुसार कठोर व्यवसाय करने से थक गया हूँ, वे व्यापार को मेरे नियंत्रण में नहीं दे रहे हैं।''

''मेरी कहानी को ध्यान से सुनो। मेरी जीवन कथा के आरंभ में मैं केवल मिट्टी का ढेर था। एक कुम्हार ने मुझ पर पानी उँड़ेला तथा मुझे बार-बार गूँथने लगा। वह मुझे तब तक गूँथता रहा, जब तक मैं चिकना एवं चमकदार नहीं हो गया। उसके बाद उसने मुझे कुम्हारी चाक पर रखा और तेजी से गोल-गोल घुमाया, जब तक कि मेरा सिर चकरा नहीं गया। उसने मेरी चमड़ी पर नक्काशी करते हुए मनचाहा रूप दिया। ऐसा करते समय मुझे अत्यधिक पीड़ा हुई।'' घड़े ने बोलना जारी रखा और लड़का ध्यान से उसकी बातों को सुनता रहा। ''इतना ही नहीं, उसके बाद उसने मुझे गरम भट्ठी में रखा और मेरी चमड़ी के पूरी तरह पक जाने तक मुझे तपाया। मैं तो साँस भी न ले पा रहा था। जब मैं पूरी तरह से पक गया तो उसने मुझे शीत ऋतु की बर्फीली रात में ठंडा करने के लिए बाहर निकाला। आखिर में एक पेंटर आया और उसने मेरी जली हुई चमड़ी को लाल रंग के पेंट से रँग दिया। किंतु इतना सब कुछ होने पर मेरा मूल्य बहुत अधिक बढ़ गया। अब मैं एक घड़ा हूँ, जिसका उपयोग तुम्हारा माली रोज करता है। बगीचे के सब पौधे एवं फूल मेरे मित्र हैं। हर बार जब माली मुझे उनके करीब लेकर जाता है, वे मुझे चूमते हैं। वे मुझसे अनमोल

स्नेह करते हैं। यदि मैं इतनी अधिक कठिनाइयों से नहीं गुजरा होता, तो क्या मैं वह बन पाता, जो मैं आज हूँ? हर व्यक्ति को कुछ बनने के लिए कठिनाइयों से गुजरना ही पड़ता है।''

लड़के ने घड़े को प्यार से सहलाते हुए कहा, ''तुम एक बहुत अच्छे दोस्त हो। मुझे अब समझ आया कि मुझे भी बहुत अधिक मेहनत करनी है। अब मैं जा रहा हूँ, लेकिन जो कुछ तुमने कहा है, उसे मैं कभी नहीं भूलूँगा। तुम्हारे हर शब्द के लिए धन्यवाद, जो तुमने प्रेरणा देने के लिए मुझसे कहा है।''

जब सोने को उच्चत्तम तापमान में तपाया जाता है, तभी वह चमकता है। एक ऊँचे पहाड़ पर चढ़ने के लिए, तुम्हें अपने आपको आगे की ओर झुकाना पड़ता है। यदि अपने सिर को हमेशा ऊपर की ओर उठाकर ही रखोगे और झुकोगे नहीं तो चढ़ाई करनी बहुत मुश्किल हो जाएगी।

34

दिव्यांग कलाकार

"तुमको दिया गया शरीर किराए का एक मकान है; मकान मालिक ईश्वर है। उसे धन्यवाद देते हुए और विश्वास एवं भक्ति के रूप में उसे किराया अदा करते हुए उसमें तब तक रहो, जब तक उसकी इच्छा हो।"

श्रीनिवास का पहला प्यार पेंटिंग था। वह अत्यंत प्रतिभाशाली और अपने कार्य के प्रति पूरी तरह समर्पित था। वह शहर में आयोजित होनेवाली सभी प्रमुख कला प्रदर्शनियों में भाग लेता था और अपनी कलाकृतियों को अधिकतम कीमत पर बेचने में सक्षम था। एक रात जब वह कार से घर की ओर जा रहा था, उसके साथ एक गंभीर दुर्घटना घटी, जिसमें उसके दाहिने हाथ को भयानक चोट पहुँची। उसकी हड्डियाँ मरम्मत के लायक भी न रहीं। डॉक्टरों ने उसे प्लास्टर कर दिया और महीनों तक उसका उपचार किया। बाद में हाथ में गैंगरिन हो गया और उसका सबसे भयानक डर सच साबित हुआ। उसके हाथ को काट देना पड़ा। इस घटना ने उसे शारीरिक और मानसिक रूप से हिलाकर रख दिया।

कई वर्ष बीत गए। उसने अपने बाएँ हाथ से कुछ-कुछ लिखना सीख लिया, लेकिन फिर से पेंटिंग करने का सपना कभी नहीं देखा। एक दिन उसने एक कला प्रदर्शनी देखने जाने का निश्चय किया। वह एक पेंटिंग को देखकर, जिसमें एक औरत पेंटिंग ब्रश को अपने पाँव के अँगूठे में पकड़कर चित्र बना रही थी, सम्मोहित हुआ। उस पेंटिंग का रंग-संयोजन और उसकी अंतरात्मा मानो उसे ही संबोधित कर रही थी। प्रदर्शनी के अंत में बताया गया कि उस पेंटिंग की बिक्री काफी भारी संख्या में हुई।

दूसरे दिन श्रीनिवास उस कलाकार के घर के दरवाजे के बाहर, अत्यंत आतुरता से उससे मिलने की प्रतीक्षा में था। नौकरानी ने उसे एक छोटे से कमरे में पहुँचाया, जिसमें सीलन की गंध थी और रोशनी भी बहुत कम थी। कमरे में पेंट की महक आ रही थी। दूर एक किनारे पर, उसने आश्चर्यपूर्वक देखा कि शारीरिक रूप से विकलांग एक लड़की कुरसी पर बैठी हुई है। उसके दोनों हाथ नहीं थे। उसने अपने दाहिने पाँव के अँगूठे एवं तर्जनी उँगली के बीच में पेंटिंग ब्रश को पकड़ा हुआ है। लड़की उत्साह से मुसकराई और प्रसन्न चित्त से उसे नमस्कार किया। "नमस्ते! श्रीनिवास, आपसे मिलकर खुशी हुई, कहिए मैं आपकी क्या मदद कर सकती हूँ?"

"ओह! नहीं, नहीं···हाँ···कल आर्ट गैलरी में आपकी पेंटिंग मुझे बहुत प्यारी लगी। मैं नहीं जानता था कि वह···" उसे उपयुक्त शब्द नहीं मिले।

लड़की ने बड़े सहज भाव से कहा, "ओह, मैं अत्यंत प्रसन्न हूँ कि मेरी

पेंटिंग आपको पसंद आई। क्या आप भी पेंट करते हैं ?''

''नहीं, मैं करता था, मेरा मतलब है···मैं करता हूँ···अब अपने बाँए हाथ को ऐसा करने के लिए प्रशिक्षित करूँगा।''

आधा घंटे बाद, श्रीनिवास वहाँ से बाहर निकला तो वह बहुत गंभीर सोच में डूबा हुआ था। यदि एक लड़की, जो उसकी तरह दिव्यांग है, अपने पैर के माध्यम से पेंटिंग कर सकती है, तो वह भी अवश्य··· । जीवन समाप्त नहीं हुआ था; वास्तव में, उसे अभी-अभी तीव्र गति से चलने का बल प्राप्त हुआ था।

एक चोट या नुकसान, जो भले ही शारीरिक हो या मानसिक, निश्चित ही पीड़ादायी होता है···यह कड़वा सच है। किंतु उसका सामना आप कैसे करते हैं, यह आप की मनोस्थिति पर निर्भर है। उसे स्वीकार करो या नजरंदाज कर दो।

कुछ रोज पहले मैंने उस डॉक्टर का इंटरव्यू सुना, जिसने जब एक समय साईं बाबा के चूहले में चोट लगी थी, तो उनका ऑपरेशन किया था। डॉक्टर बताया था कि शल्यक्रिया के बाद बाबा ने कहा कि उन्हें कोई दर्द नहीं हो रहा है। डॉक्टर को बाबा को विवश करना पड़ा, यह कहकर कि ''स्वामी, यदि आप दर्द के बारे में हमें नहीं बताएँगे, हम कैसे जान पाएँगे कि घाव सही ढंग से भर रहा है या नहीं। आपका यह कहना कि बिलकुल दर्द नहीं है, इससे हम भ्रमित हो रहे हैं, सो साफ-साफ बताइए।''

बाबा ने जवाब दिया कि शरीर को पीड़ा का अनुभव हुआ, इससे इनकार नहीं किया जा सकता था, लेकिन पीड़ा केवल शरीर तक सीमित है, उससे उन्हें कोई कष्ट महसूस नहीं हो रहा।

35

अंधी महिला

"संतोष सबसे कीमती धन है। यदि हम देवत्व प्राप्त करना चाहते हैं, तो वह सिर्फ संतोष के माध्यम से ही मिलता है।"

भगवती हँसी-खुशी से लबालब एक जीवंत महिला थी। अपने पति के साथ उसका संबंध बहुत मधुर था। उनके तीन सुंदर बच्चे थे। वे सभी अच्छी तरह से काम में व्यस्त थे और उनके अपने भी बच्चे थे।

एक दिन भगवती और उसके पति सिटी-क्लब में आयोजित पटाखों की प्रदर्शनी को देखने के लिए गए। वह एक शानदार प्रदर्शनी थी। लेकिन जब यह प्रदर्शन लगभग समाप्त होने लगा, तभी एक रॉकेट पटाखा हवा को चीरता हुआ सीधा भगवती की ओर आया और उसकी आँखों में घुस गया। उसे बहुत पीड़ा हुई। उसे जल्दी से अस्पताल पहुँचाया गया। घंटों के ऑपरेशन के बाद डॉक्टर निराश चेहरे के साथ बाहर आया। उसे ऑपरेशन के सफल होने की उम्मीद नहीं थी। संभव था कि वह फिर से देख सकने में सफल न हो।

कुछ दिनों के बाद पट्टियाँ खोली गईं। डॉक्टर की शंका सच साबित हुई। आँखों में मात्र 10 प्रतिशत रोशनी थी। वह बिलकुल पास आने पर अपने सामने की वस्तुओं और लोगों को धुँधला सा देख सकती थी। एक वर्ष बाद उसके पति का स्वर्गवास एक बड़े हृदयाघात की वजह से हो गया।

पंद्रह वर्ष के बाद···भगवती की लड़की आकर अत्यंत खुशी से बोली, ''माँ, आँख के एक डॉक्टर से मेरी मुलाकात हुई, उसने आपकी तरह के कई मरीजों के ऑपरेशन किए हैं। मैंने उनसे विस्तार से चर्चा की है। मुझे पक्का विश्वास है कि वह तुम्हारी आँखों का ऑपरेशन सफलता से कर सकेगा और आँखों की रोशनी फिर से वापस आ जाएगी। कितनी अच्छी बात है माँ कि तुम दुबारा देख पाओगी। मैं इसके लिए बहुत उत्साहित हूँ। मैं तुम्हें उनके पास ले जाने के लिए और अधिक इंतजार नहीं कर सकती। क्या मैं कल ही उनसे मुलाकात का समय निश्चित करूँ?'' माँ ने उसकी बातों को शांतिपूर्वक और ध्यान से सुना। उसकी बेटी ने फिर प्रश्न किया, ''माँ, तुम कुछ कह क्यों नहीं रही हो?''

''मैं यह नहीं चाहती हूँ,'' भगवती ने निश्चयपूर्वक कहा।

''नहीं चाहती हो, लेकिन क्यों?'' उसकी बेटी ने आश्चर्य से पूछा।

''मैं जैसी भी हूँ, उसी अवस्था में पूरी तरह खुश हूँ। मैंने अपने आपको इस स्थिति में ढाल लिया है। मैं कुछ भी बदलने की इच्छा नहीं रखती।''

''लेकिन माँ, उन सबके बारे में सोचो, जिन्हें आप देख नहीं पा रही हो। आप हम सबको देखने में समर्थ हो जाओगी। आप अपने नाती-पोतों को देखने में समर्थ हो जाओगी। देखोगी कि वे कितने बड़े हो गए हैं। आप नौकरानी की मदद के बिना सैर करने में समर्थ हो जाओगी। आप कार चला सकोगी, आप

टी.वी. देख सकोगी, आप पत्र–पत्रिकाएँ पढ़ सकोगी और आप इस दुनिया को देख सकोगी, माँ···निराशावादी मत बनो।''

बुजुर्ग महिला तब तक चुपचाप सुनती रही, जब तक उसकी बेटी ने अपनी बात पूरी नहीं कर ली। उसके बाद उसने दृढतापूर्वक कहा, ''सबसे पहले मैं तुमको स्पष्ट कर देना चाहती हूँ कि मैं किसी चीज को नहीं खो रही हूँ। मेरी जिंदगी बहुत अच्छी तरह चल रही है। यदि कोई चीज है, जिसे मैंने खोया है, वह तुम्हारे पिता हैं। उन सभी दोस्तों के बारे में सोचो जो मुझे मिले हैं, क्योंकि मैंने अपनी नेत्र–ज्योति खो दी है। जहाँ कहीं भी मैं जाती हूँ, लोग मुझे मदद के लिए अपना रास्ता छोड़ देते हैं। वह चाहे दवा–विक्रेता हो या फिर किराने वाला, वह चाहे पार्क हो या महिलाओं का क्लब, लोग मेरी इज्जत करते हैं, जहाँ कहीं भी मैं जाती हूँ। मुझे सुनाने के लिए समाचार–पत्र पढ़ा जाता है, इससे मैं खुश हूँ। ड्राइवर, डॉक्टर, दरजी···मेरे मित्रों की सूची काफी लंबी और अंतहीन है। मैं उन लोगों को खो डालूँगी, यदि मैं अपनी नेत्र–ज्योति वापस पाती हूँ। और···मेरे पास तुम्हारे भाइयों की, तुम्हारी और मेरे सभी पोतो–पोतियों की मधुर एवं सुंदर स्मृतियाँ हैं। यदि मैं इसी स्थिति में रहती हूँ, तुम सब कभी भी मेरी आँखों में बड़े–बूढ़े नहीं होंगे। क्या यह बेशकीमती नहीं है ?''

यह कहते–कहते भगवती के आँखों से आँसू की धारा बह निकली। उसकी पुत्री ने महसूस किया कि उसकी माँ कितनी शांत और संतुष्ट है। इसलिए अब डॉक्टर से इस बारे में बात करने का कोई लाभ नहीं। उसके मन कि आँखों में उसकी दृष्टि पूर्णतः जीवंत और ताजा है। वह और अधिक कुछ नहीं चाहती···वह समझ चुकी है कि यदि आप शांति चाहते हैं, तो आपको अपने भीतर झाँकना होगा।

बाबा कहते हैं कि यह महत्त्वपूर्ण नहीं है कि जो भी आप चाहते है, वो आपको मिल जाए। महत्त्वपूर्ण यह है कि जो कुछ भी आपको मिले, उसे पसंद करो। आंतरिक शांति के लिए ज्यादा जरूरी है कि ईश्वर की इच्छा को स्वीकार किया जाए। वे कहते हैं कि मनुष्य ही केवल ऐसा जीव है, जो हँसता भी है और रोता भी; क्योंकि वह ही एकमात्र ऐसा जीव है, जो इस भिन्नता से प्रभावित होता है कि क्या है और क्या होना चाहिए। खुशी आपके अंदर है; आपके सोचने के ढंग में है। वह अंदर से प्राप्त होती है, बाहर से नहीं।

36

श्रेष्ठ, श्रेष्ठतम, सर्वश्रेष्ठ

"मनुष्य की सच्चाई के प्रति अज्ञानता, उसके संसार के अर्ध ज्ञान के कारण उत्पन्न होती है।"

एक समय की बात है, भगवान् विष्णु और नारद के बीच संवाद हुआ—

भगवान् विष्णु : क्या तुम जानते हो कि सभी पाँच मूल तत्त्वों में सबसे श्रेष्ठ कौन है?

नारद : (कुछ देर सोचने के बाद), प्रभु! निस्संदेह पृथ्वी से श्रेष्ठ कौन हो सकता है? वह पृथ्वी पर रहनेवाले समस्त चराचर का बोझ उठाती है।

भगवान् विष्णु : लेकिन पृथ्वी का तीन चौथाई भाग तो पानी से ढका हुआ है। इसलिए पृथ्वी से पानी अधिक मात्रा में है। अब कौन श्रेष्ठ है, पानी या पृथ्वी?

नारद : अच्छा तो इस स्थिति में निश्चित ही पानी श्रेष्ठ होगा।

भगवान् विष्णु : क्या तुम जानते हो एक समय में, ऋषि अगस्त्य ने समुद्र का सारा पानी पी लिया था? आश्चर्य है कि समूचा समुद्र ऋषि अगस्त्य के पेट में समा गया था। इसलिए क्या अगस्त्य मुनि पानी से श्रेष्ठ नहीं हैं?

नारद : अच्छा प्रभु! ऐसा लगता है, वे श्रेष्ठ हैं।

भगवान् विष्णु : लेकिन आखिर में अगस्त्य मुनि भी आकाश में एक तारा बन गए। वह तारामंडल के सप्त ऋषियों में से एक हैं, इसलिए क्या आकाश अगस्त्य ऋषि से बड़ा नहीं हुआ?

नारद : (संकोच से) अवश्य ही आकाश तारे से बड़ा है, क्योंकि आकाश में ढेर सारे तारे एवं ग्रह स्थित हैं।

भगवान् विष्णु : क्या तुम जानते हो कि जब भगवान् 'वामन अवतार' के रूप में पृथ्वी पर अवतरित हुए थे, तो राजा बली ने उन्हें उनके तीन पग भूमि दान देने का वादा किया था? उस समय वामन ने समूची पृथ्वी को एक पग में नाप लिया, दूसरे पग में समस्त अंतरिक्ष को नाप लिया और तीसरे पग में नापने के लिए कोई स्थान बचा ही नहीं। तब राजा बली ने भगवान् वामन से प्रार्थना की कि वह अपना तीसरा पग उसके सिर पर रख दें। तब

भगवान् वामन ने अपना पाँव राजा बली के सिर पर रखा। इसलिए हे नारद! क्या भगवान् सर्वश्रेष्ठ हैं या क्या आकाश?

नारद : प्रभु! मेरी बुद्धि पूरी तरह से चकरा गई है। आप सबसे श्रेष्ठ हैं। मैं और कुछ नहीं समझता। आप श्रेष्ठ हैं; यह सत्य है, जिसे मैं समझता हूँ।

भगवान् विष्णु : क्या तुम जानते हो कि भगवान् कहाँ रहते हैं? वे भक्त के हृदय में निवास करते हैं। इसलिए कौन श्रेष्ठ हुआ भक्त या भगवान्?

नारद : क्या आपका आशय है कि भक्त, भगवान् से श्रेष्ठ हैं?

भगवान् विष्णु : निस्संदेह, भक्त ही श्रेष्ठ हैं।

इस कहानी को भगवान् श्री सत्य साई बाबा द्वारा अपने एक प्रवचन में सुनाया गया था। भगवान् बाबा ने कृपा दृष्टि से सारांश में कहा, ''भगवान् भक्त के पराधीन हैं। मतलब यह कि वह अपने भक्तों के सेवादार हैं। संसार में भक्त से बड़ा कोई नहीं है। भगवान् का हृदय केवल प्रेम के द्वारा पिघलाया जा सकता है। इसलिए प्रेम का पूर्ण रूप से विकास करो।''

37

भोजन में मांसाहार

"मांस खाने से हिंसक प्रवृत्ति और पशु रोगों का विकास होता है।"

परिवार के लिए वह दिन बड़ा दुखदायी था। दादाजी का देहावसान हो गया था। घर में कई रिश्तेदार आए हुए थे। दोस्त, परिचित और रिश्तेदार दादाजी को अपना आखिरी सम्मान देने के लिए आए हुए थे। दादाजी सभी के लिए अत्यंत आदरणीय थे।

पूरा परिवार अधिकांश लोगों के साथ मृतक संस्कार में शामिल हुआ। चार सगे पोते-पोतियों में पिया दूसरी थी। यह पहला अवसर था, जब बच्चों ने किसी मृत शरीर को देखा था और धार्मिक कृत्य से मनुष्य के शरीर को अग्नि की पवित्र ज्वाला के हवाले किए जाते हुए दाह-संस्कार देखा।

दाह-संस्कार के बाद वापस घर आने पर, चौदह वर्षीय पिया के अलावा, प्रत्येक व्यक्ति शांत होने लगा था पर उसकी आँखों में जलती हुई चिता का दृश्य ताजातरीन था। दिन ढलने लगा तो उसके दो छोटे भाइयों ने माँ से कहा कि वे रात के भोजन में तंदूरी मुरगा खाना चाहते हैं। सबसे बड़ी बहन ने जल्दी से यह कहते हुए चुप कराया, ''आज नहीं, रिश्तेदार क्या सोचेंगे? तुम यह बाद में किसी और दिन खाना, आज हम सब सादा भोजन करेंगे।'' लेकिन दोनों भाई जिद करने लगे। एक अधेड़ उम्र की महिला, जो शाकाहारी थी, इस दृश्य को देख रही थी। उसने कहा, ''जब अपनों की मृत्यु होती है, तो उन्हें श्मशान में जला देते हैं, और दूसरों के मुर्दे घर लाकर, पकाकर खाते हैं!''

शब्द बहुत कटु थे, परंतु सच्चाई से सने हुए थे। वे शब्द पिया के कानों में बम-धमाके की तरह गूँजते रहे। उस दिन से उसने प्रण किया, ''मैं कभी मांस नहीं खाऊँगी, यदि कोई हमारे प्रिय जनों के शरीर को पकाकर खाए, तो हमें कैसा लगेगा? जब कोई मुरगी मारी जाती है, तो उसके परिवार के सदस्य उसकी याद में मातम मनाते होंगे और हम, अपनी उँगलियों को चाटते हुए कहते हैं, 'वाह, कितना स्वादिष्ट है!'''

निश्चित ही ईश्वर ने मनुष्य के खाने के लिए बहुत कुछ बनाया है, फल, सब्जी, अनाज वगैरह। फिर हम लोग मृत शरीरों को खाने के लिए क्यों लालायित रहते हैं? मृतक कहानियाँ नहीं सुनाते, लेकिन यदि वे ऐसा कर पाते, तो हमारे पेट के मुर्दाघर में तो कई तरह की बातें-चुगलियाँ की जातीं।

भगवान् बाबा शिक्षा देते हैं कि ''कोई भी व्यक्ति जो ईश्वरत्व से

अपना संबंध स्थापित करता है, वह कभी किसी दूसरे प्राणी को चोट नहीं पहुँचाएगा।'' और वह ये भी कहते हैं, ''सभी एक समान हैं मेरे प्यारे पुत्र, प्रत्येक से समानता का व्यवहार करो।''

38

सोने की थाली

''यदि चरित्र सुंदर है, तो चेहरा चमकेगा। समाज की सेवा और ईश्वर की आराधना से उसकी सौजन्यता बनी रहेगी।''

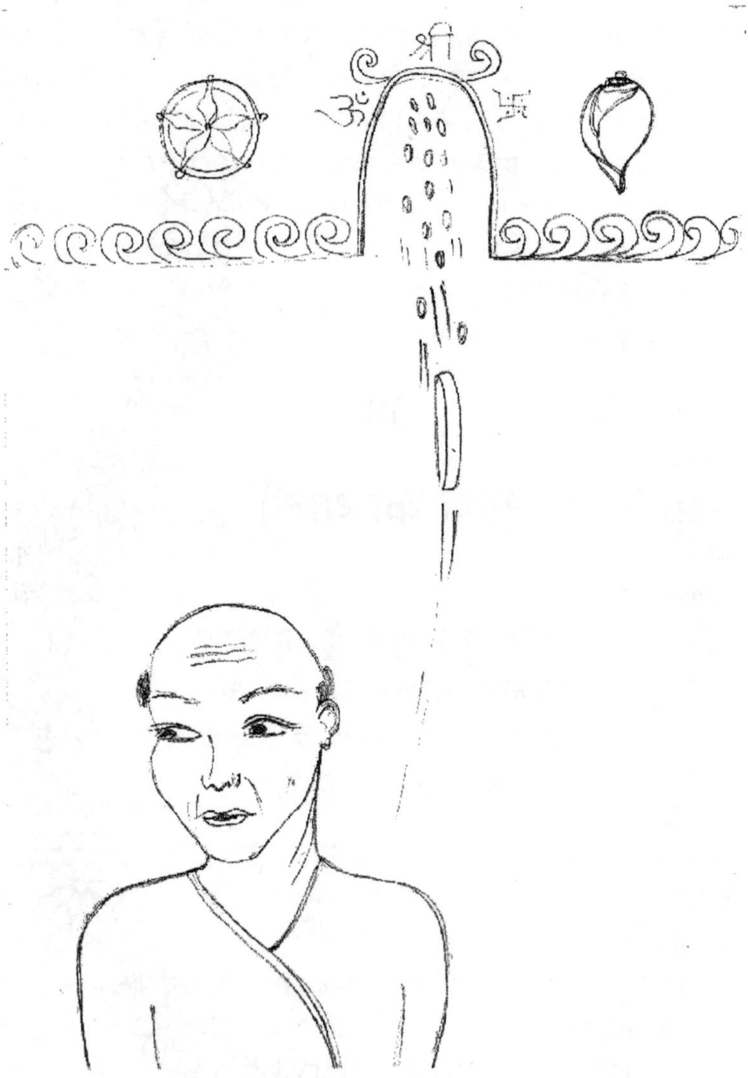
श्री
ॐ

एक पुजारी एक मंदिर में भगवान् की प्रतिमा के सामने प्रतिदिन प्रार्थना किया करता था। हर दिन ईश्वर की मूर्तियों को स्नान कराने के पश्चात् वह उन्हें नवीन वस्त्र एवं आभूषणों से सजाया करता था। उसके बाद वह उन्हें ताजा फूलों से बनी माला अर्पित करता था और अपनी इस संपूर्ण प्रक्रिया के दौरान वह वैदिक मंत्रों का उच्चारण किया करता था। एक दिन जब वह देवता की आराधना कर रहा था, एक थाली खड़खड़ाहट की आवाज के साथ, देवता के सामने ऊपर से गिरी। पुजारी ने देखा वह थाली सोने से बनी है। उस थाली में कुछ लेख भी अंकित था, जो इस प्रकार था, ''इस थाली को मेरे सबसे महान् भक्त को अर्पित किया जाए।''

पुजारी ने सोचा, ''मैं दिनभर ईश्वर के नाम-जाप में बिताता हूँ। मैं देवताओं की व्यक्तिगत रूप से पूजा-अनुष्ठान करता हूँ। मैंने अपना सारा जीवन ईश्वर की सेवा करने में बिताया है। मेरे अलावा और कौन महान् भक्त होगा? यह थाली निश्चित रूप से मेरे और सिर्फ मेरे लिए है।'' वह थाली के पास गया, लेकिन जैसे ही उसने थाली को स्पर्श किया, तो वह मिट्टी की थाली में परिवर्तित हो गई। पुजारी हक्का-बक्का रह गया। उसने सोचा, 'यदि लोगों ने मुझे मंदिर से इस थाली को ले जाते हुए देखा तो वे मुझ पर हँसेंगे। मुझे इस थाली की आवश्यकता नहीं है। मैं इसे वापस उसी स्थान पर रख देता हूँ, जहाँ पर यह थी।' जैसे ही उसने थाली को वापस रखा, वह थाली फिर से सोने में परिवर्तित हो गई और जलते दीयों की रोशनी में चमकने लगी। पुजारी यह सब देखकर चकरा गया।

उसी दिन बाद में पुजारी ने मंदिर के एक अन्य पुजारी को उस सोने की थाली को उठाने को कहा। उसके आश्चर्य का ठिकाना नहीं रहा, जब उसने देखा कि वह सोने की थाली पुनः मिट्टी की थाली में परिवर्तित हो गई। पुजारी ने उससे उस थाली को वापस उसकी जगह पर रख देने को कहा। निस्संदेह वह थाली पुनः सोने की हो गई। फिर एक बहुत धार्मिक व्यक्ति, जो अकसर मंदिर में आया करता था, वहाँ आया। उसने चढ़ावे के रूप में एक बहुत बड़ी रकम देवता को भेंट की। पुजारी ने उस भक्त को एक मिनट के लिए उस थाली को उठाने के लिए कहा। पहले की तरह ही, थाली साधारण मिट्टी के बरतन में बदल गई।

दिन ढलने लगा। पुजारी बहुत बेचैन होता रहा। उसने एक आदमी को देखा जो कि मंदिर में सफाई करने की सेवा करता था। उसने उसे मंदिर के भीतर बुलाया और बोला, "मेरे मित्र, उस थाली को उठाओ।" वह आदमी उसकी ओर देखते हुए बोला, "उस सुनहरी थाली को भला मुझे क्यों उठाना है? मुझे इस तरह की वैभव की चीजों से कोई मतलब नहीं है। मुझे इसकी जरूरत भी नहीं है।" पुजारी ने दुबारा कहा, "ठीक है, भले ही तुम्हें इसकी जरूरत नहीं है, लेकिन एक बार मेरे कहने से तुम इसे उठाओ तो सही।" उस आदमी ने थोड़ी नाराजगी भरे स्वर में कहा, "ठीक है, यदि मेरे ऐसा करने से आपको खुशी होती है, तो अवश्य ही मैं ऐसा करूँगा।" ऐसा कहते हुए उसने थाली को उठाया। वह सोने की थाली, पहले की तुलना में अधिक चमकने लगी।

पुजारी आश्चर्य से व्याकुल हो गया। यह वह आदमी है, जिसने अपनी सारी जिंदगी ईश्वर के इनसानों की सेवा में बिताई थी। उसने इस कथन का अनुकरण किया था, "मानव सेवा ही, माधव सेवा है।" ईश्वर की आँखों में, वह महानतम भक्त था।

वह आदमी उस थाली को वापस उसके स्थान पर रखकर मंदिर के बाहर की ओर घूमा। वह थाली उसके पीछे-पीछे डोलने लगी। इसके अलावा, सोने और चाँदी के वो तमाम सिक्के जो ईश्वर के सामने चढ़ाए गए थे, वे भी उसके पीछे-पीछे लुढ़कने लगे।

समृद्धि उस व्यक्ति के मार्ग का चुंबन करती है, जो बिना किसी इच्छा के ईश्वर से प्रेम करता है।

39

चॉकलेट

''प्रत्येक व्यक्ति के व्यवहार और जीवन जीने के ढंग से मानवोचित मूल्य प्रतिबिंबित होने चाहिए।''

NATIONAL
Sharing and caring go...
hand in hand!
Maths is Easy...

टोरंटो निवासी चाचा शैलेश भारत में रहनेवाली अपनी बहन के परिवार से मिलने आए। वह अपने भानजे के लिए एक जोड़ी सुंदर जूते भी लेकर आए थे। वह उसके लिए टोबलरोन नामक चॉकलेट भी लेकर आए। चॉकलेट को देखकर ऋषभ के मुँह में पानी आने लगा और उसकी आँखें खुशी से चमकने लगीं। उसने बिना देरी किए एक क्षण में ही पैक के एक छोर को खोल लिया, एक टुकड़ा तोड़कर उसे अपने मुँह में भर लिया। कितनी स्वादिष्ट थी!

तभी पिछले दरवाजे की तरफ से उसके दोस्त आशु और बॉबी ने आवाज दी, ''ऋषभ, बाहर आओ, चलो फुटबॉल खेलें।'' ऋषभ ने चॉकलेट को तुरंत ही अपने पीछे की ओर छिपाया और चिल्लाया, ''आशु मैं आ रहा हूँ, केवल एक मिनट रुको।'' वह तुरंत अपने कमरे की ओर भागा और चॉकलेट को एक चित्र के पीछे छिपा दिया, जोकि उसकी टेबल पर सजा हुआ था। वे लगभग एक घंटे तक बाहर खेले। वे पसीने से तर-बतर और थके हुए वापस आए। हमेशा की तरह आशु और बॉबी भी ऋषभ के कमरे में आराम करने के लिए आए। फिर ऋषभ के टी.वी. पर उन्होंने डिस्कवरी चैनल भी देखा। ऋषभ टेबल की ओर पीठ करके खड़ा रहा और अपने दोस्तों की नजर से चॉकलेट को सावधानीपूर्वक छिपाने में सफल रहा। वह उन्हें चॉकलेट का एक टुकड़ा भी नहीं देना चाहता था।

बाद में दोनों दोस्त अपने-अपने घर चले गए और ऋषभ अपने मम्मी-पापा के साथ रात के भोजन के लिए बैठा। उसके पिता ने पूछा, ''ऋषभ, तुम्हारा चॉकलेट कहाँ हैं, क्या एक टुकड़ा मुझे दोगे?'' अब ऋषभ के पास कोई रास्ता नहीं था कि वह अपने पिता को चॉकलेट देने से इनकार करे। अनिच्छा से वह अपनी कुरसी से उठा और चॉकलेट लाने के लिए कमरे में गया।

लेकिन यह क्या? उसके बहुमूल्य चॉकलेट को सैकड़ों की संख्या में चींटियाँ खाए जा रही थीं। वे उसके कवर के अंदर-बाहर और चारों तरफ दौड़ लगा रही थीं और हर तरफ फैली हुई थीं। उसकी आँखों से आँसुओं की धारा बह निकली, ''पिताजी!'' वह चीखा। पिताजी दौड़कर आए। उन्हें डर था कि कहीं बच्चे को चोट न लग गई हो। इतनी बड़ी चॉकलेट को चींटियों द्वारा खाए जाते हुए देखकर उन्हें धक्का लगा। पिता ने चॉकलेट को उठाया और चींटियों को झटकाकर भगाने की कोशिश की। चॉकलेट का कोई भी हिस्सा चींटियों

से बचा नहीं था। चींटियों ने चॉकलेट के अंतिम छोर तक पहुँचकर उसे खाया था। पिता तुरंत बाहर निकले और शांति से चॉकलेट को कूड़े की टोकरी में डाल दिया।

बाद में ऋषभ बड़े दुखी मन से पिता की गोद में बैठा था। पिता ने कहा, ''ऐसा लगता है कि एक छोटी सी चींटी ने तुम्हारे चॉकलेट को सूँघ लिया और उसने सोचा, 'यह तो बहुत स्वादिष्ट लगता है, क्यों न मैं अपने दोस्तों को बुलाकर सबके साथ मिलकर दावत का आनंद उठाऊँ।' इसलिए उसने अपने पूरे परिवार को बुला लिया और चॉकलेट को मिल-बाँटकर खाने का आनंद उन्हें प्राप्त हुआ। लेकिन''ऐसे में तुम्हारा नुकसान हो गया।'' ऋषभ ने सिसकियाँ भरते हुए कहा, ''हाँ पापा, यदि मैं आशु और बॉबी के साथ इसे मिल-बाँटकर पहले ही खा लेता, तो यह घटना ही नहीं होती।''

आपस में बाँटने से अत्यधिक आनंद प्राप्त होता है, जबकि स्वार्थ से केवल सीमित प्रसन्नता का अनुभव होता है। इस तरह से, चींटी एक महान् शिक्षक है; जब वह शक्कर का एक तिनका भी देखती है, उसे कभी अकेली नहीं खाती, बल्कि अन्य चींटियों के साथ मिलकर खाती है।

40

कर्म का मर्म

''ख्वाहिश करें, ख्वाहिश पर काम करें और लक्ष्य हासिल करें।''

FITNESS WORLD
SOCIAL WORKER

लिली एक सुंदर और जवान लड़की थी। उसे अनमोल से प्यार हो गया था। वह उसे मिलने के लिए आ रहा था। उसने अपनी माँ से कहा, ''माँ, मैं अनमोल को देखने के लिए मर रही हूँ। आज का यह दिन कैसे बीतेगा?'' माँ मुसकराई और बोली, ''इसमें मरने की क्या जरूरत है? इस समय का सही उपयोग उसके आने की तयारी के लिए इस्तेमाल कर लो। सब कुछ अच्छा ही होगा, सपनें देखना छोड़ो।''

उनकी शादी हुई और उनकी एक सुंदर बच्ची पैदा हुई। लिली उससे हमेशा ही कहा करती थी, ''कुकी, मैं तुम्हें बड़ी होती हुई देखने के लिए मर रही हूँ।'' मन-ही-मन वो यह सोचकर खुश हो रही थी कि जब कुकी बड़ी होगी तो वे खूब मजा करेंगे। जब कुकी की सगाई हो गई तो एक दिन लिली ने कहा, ''मैं तुम्हें दुल्हन के रूप में देखने को मर रही हूँ।'' कुकी हँसी और बोली, ''ओह! मम्मा, मुझे दुल्हन के रूप में देखने के लिए तुम्हें मरने की जरूरत नहीं है, तुम मुझे जीते-जी ही देख लोगी, इसके लिए तुम्हें मरने की जरूरत नहीं है।''

आखिर, विवाह का दिन आया और चला भी गया। उसके बाद जब कुकी माँ बनने वाली थी, तब लिली एक बार फिर अपने पुराने अंदाज में बोली, ''ओह भगवान्! मैं तो नानी बनने के लिए मर रही हूँ। कुकी मुझे पक्का विश्वास है तुमको एक सुंदर लड़का होगा।''

बाद में कुकी लंदन चली गई और लिली हमेशा उससे मिलने के लिए वहाँ जाने के लिए मर रही थी। कई वर्ष बीत गए, लिली का वजन भी कुछ बढ़ गया था। एक दिन उसने अपने पति से कहा, ''अनमोल, मैं कसरत करने के लिए जिम में दाखिल होने के लिए मर रही हूँ, ताकि अपना वजन घटा सकूँ।'' वह अपने चश्मे के ऊपर से देखते हुए बोला, ''तुम्हें किसने रोका है, जिम जाया करो न।'' लेकिन वह दिन कभी नहीं आया।

साठ वर्ष की उम्र में, लिली ने अनमोल से कहा, ''अनमोल, मैं कुछ समाजसेवा करने के लिए मर रही हूँ।'' अनमोल अपनी भौंए चढ़ाते हुए बोला, ''फिर तुम क्यों नहीं करती हो?'' लिली अपनी आराम कुरसी में अलसाई सी बोली, ''बगीचे की देख-भाल कौन करेगा तथा तुम्हारा क्या होगा? तुम्हारे लिए खाना कौन पकाएगा? तुम जानते हो, मैं घर को साफ-सुथरा रखना पसंद

करती हूँ। तो फिर घर की देखभाल कौन करेगा?'' अनमोल ने कहा, ''इन चीजों के वास्ते तुम अपने आपको मत रोको। यदि तुम कुछ करना चाहती हो तो अवश्य ही उसे करो। गृह-कार्य के लिए हम एक नौकरानी रख लेंगे। तुम इसकी चिंता क्यों करती हो?''

पिछले महीने लिली चौहत्तर साल की हो गई। वह अब तक कुकी से मिलने को लंदन नहीं गई और सामाजिक सेवा का कार्य भी शुरू नहीं किया। अब वह गठिया व उच्च रक्तचाप की बीमारी से ग्रस्त है। बिना मदद के वह मुश्किल से दो कदम चल पाती है। लेकिन वह अभी भी समाजसेवा करने के लिए; वजन घटाने के लिए और लंदन जाकर कुकी से मिलने के लिए मर रही है। अब वह कहती है, ''अब मैं वास्तव में जानती हूँ कि मैं मर रही हूँ, तो मुझे अफसोस होता है कि मैंने केवल कहा, कभी कुछ किया नहीं। काश, मैं सिर्फ कहने पर न रुक गई होती और वो सब कुछ करती, जो मैं तब कर सकती थी, क्योंकि अब तो मैं सचमुच कुछ नहीं कर सकती।''

दो प्रकार के लोग होते हैं—वे जो केवल बोलते हैं और वे जो बोलते नहीं बल्कि सिर्फ करते हैं। वह मनुष्य जो केवल बोलता रहता है और करता कुछ नहीं, वह जंगली जड़ी-बूटियों से भरे हुए बगीचे की तरह है।

41

सुनामी

''करुणा और त्याग तुम्हारी दो आँखें हों, विनम्रता तुम्हारी साँसें हों और प्रेम तुम्हारी जिह्वा पर विराजमान हो।''

जब सन् 2004 में सुनामी ने दक्षिण भारत, श्रीलंका, अंडमान द्वीप समूह और इंडोनेशिया को फटकारा, तो अपने पीछे मौत, विनाश, निराशा और आँसुओं की झड़ी लगा गई। जो लोग अपने दरवाजे पर सुनामी की निर्दयी दस्तक से जागे, उनको अकल्पनीय दु:ख हुआ। लेकिन जीवन जैसा कि कहते हैं, चलते रहना चाहिए। हजारों की संख्या में राहतकारी कार्यकर्ता सुनामी-पीड़ित लोगों की मदद करने आए। बहुत से संगठनों ने सहायता केंद्र खोले। लोगों को सहायता के रूप में पैसे और वस्तुओं दी गईं।

एक नौजवान फिल्म-स्टार, उन गाँवों में से एक गाँव में अपनी मित्र मंडली के साथ गया और सुनामी-पीड़ित गरीबों तथा घायलों के लिए सहायता केंद्र खोला। एक दिन, मलबे के बीच खेल रहे छोटे-छोटे बच्चों को उसने भोजन और कपड़े दिए। बच्चों ने आनंद से उन्हें स्वीकार किया। फिल्म-स्टार उनके चेहरे की मुसकराहट देखकर बहुत खुश हुआ। हर दिन वह अब उन लोगों को भोजन आदि वितरित करता था। उन सभी की मुसकराहट ही उसकी दिनभर की कमाई होती थी। उसने देखा कि उनमें से एक बच्चा भोजन और कपड़े स्वीकार तो करता था, पर वह कभी मुसकराता नहीं था! अत: फिल्म-स्टार उसे एक तरफ ले जाकर पूछने लगा, "सभी बच्चे अब आराम से खेल रहे हैं, पर तुम क्यों हमेशा दुखी से नजर आते हो? तुम क्यों नहीं मुसकुराते?" बच्चे ने जवाब दिया, "ओह, कुछ भी तो नहीं।" लेकिन फिल्म-स्टार ने उसे बोलने के लिए विवश कर दिया। आखिर बच्चे ने काँपती हुई आवाज में कहा, "मेरे दिल में एक छेद है। मेरे पिता मजदूर हैं। जब से मैंने जन्म लिया है, तब से वे मेरे ऑपरेशन के लिए पैसा बचाते रहे। सुनामी की लहरों ने हमारी छोटी सी झोंपड़ी को नष्ट कर दिया। बचाए हुए पैसे भी साथ-साथ बह गए। अब मेरा ऑपरेशन संभव नहीं है। मैं अब ज्यादा समय तक जिंदा नहीं रहूँगा।" यह बोलते-बोलते उसकी आँखें भर आईं। "लेकिन मेडिकल सहायता केंद्रों में मुफ्त चिकित्सा व सहायता दी जा रही है। तुम्हारे पिता ने क्या इसके बारे में जानकारी हासिल की है?" फिल्म-स्टार ने पूछा। "हाँ, उन्होंने पता किया है, लेकिन वो कहते हैं कि वे केवल उन तकलीफों के लिए सहायता दे सकते हैं, जो सुनामी के कारण हुईं। लेकिन मेरी समस्या तो दस साल पुरानी है। यह विपत्ति तो सुनामी के कारण नहीं आई।" लड़के ने डूबती हुई आवाज में जवाब दिया।

''यदि ऐसा है तो मैं तुम्हें शहर ले जाऊँगा। वहाँ मैं तुम्हारा ऑपरेशन कराऊँगा। तुम्हें भी अन्य लोगों की तरह जीने का अधिकार है।'' फिल्म-स्टार ने नम्र स्वर में कहा। ''किंतु मैं मुसलमान हूँ और आपको तो...।'' बच्चे ने अबोध ढंग से कहा। ''उससे क्या होता है? तुम एक इनसान हो। मैं तुम्हारे लिए जो भी कर सकता हूँ, वह अवश्य करूँगा।'' फिल्म-स्टार ने सहानभूति के साथ जवाब दिया। वह छोटा बच्चा फिल्म-स्टार की तरफ हैरत भरी नजरों से देखने लगा। उसने बच्चे को गले से लगाया और सहायता का वादा किया। जल्द ही फिल्म-स्टार ने उस बच्चे को मुंबई के सिटी अस्पताल में दाखिल कराया। उस लड़के के पिता को यह समझ नहीं आ रहा था कि यह सब सपना है या वास्तविकता। काफी लंबा ऑपरेशन था, लेकिन उसका परिणाम सुखद रहा। लड़के का पिता अब यह महसूस कर रहा था कि वह मात्र सपना नहीं था, जब उसने अपने बेटे को अस्पताल के आपात कक्ष के बिस्तर पर बैठे हुए खुशी से मुसकराते देखा। फिल्म-स्टार ने सर्जन से कहा, ''आज आपने हमारे छोटे से मित्र की जिंदगी में एक बहुत बड़ा परिवर्तन ला दिया है...वह अब मुसकरा रहा है।''

फिल्म-स्टार ने सुंदर ढंग से लोगों से एक अपील की, ''चलिए, हम फिर से सुनामी ले आएँ! प्रेम, सेवा, दया और आशा की सुनामी। एक ऐसी सुनामी, जो पहली सुनामी द्वारा लोगों के आँखों में आए आँसुओं को पोंछने में सक्षम हो। यह सही है कि जिनकी मौत हो गई, उन्हें वापस नहीं लाया जा सकता। लेकिन प्रेम और सेवा के द्वारा हम अवश्य ही अपने सुनामी पीड़ित भाइयों के जीवन में अभाव से उपजे दर्द को कम कर सकते हैं।''

भगवान् साईं बाबा के कहे शब्द बड़े अर्थपूर्ण हैं, ''सहायता करनेवाले हाथ, प्रार्थना करनेवाले होंठों से कहीं पूजनीय हैं।''

42

उपयोगी या अनुपयोगी

''प्रकृति, स्वभाव से ही विस्तारपूर्ण होती है; ईश्वर–तत्त्व संसार को एकता में सँजो लेता है। ज्ञान मनुष्य को इस सच्चाई को साबित करने और इस प्रभुता को महसूस करने में सक्षम करता है।''

रतन और निवेश, गुरुकुल (पुरानी भारतीय परंपरा के अनुरूप आवासीय पाठशाला, जो गुरु के निवास-स्थान पर चलती थी) में अपनी शिक्षा पूरी करने के बाद अपने घर जाने को तैयार थे और वे गुरु को गुरुदक्षिणा (शिक्षा ग्रहण करने के उपलक्ष्य में, गुरु को सम्मान के रूप में दी जानेवाली भेंट) देना चाहते थे। गुरुजी का आग्रह था, ''मुझे ऐसी चीज दो जो किसी के लिए भी उपयुक्त न हो।'' वे दोनों जंगल की ओर गए और वहाँ फल, वृक्ष, जानवर, पक्षी, पत्थर, सब कुछ देखकर सोचने लगे कि इन सभी चीजों का कोई-न-कोई उपयोग तो है। अंत में उन्होंने सूखे पत्तों का एक ढेर देखा, तो सोचा, 'ये तो अवश्य ही किसी काम के न होंगे, शायद हम इन्हें गुरुजी को भेंट कर सकते हैं।'

जैसे ही निवेश उन्हें उठाने के लिए झुका, एक नौजवान लड़की दौड़ती हुई आई और बोली, ''कृपया, इन्हें हाथ मत लगाओ! मैंने इन पत्तों को इकट्ठा किया है, ताकि मैं अपनी बूढ़ी माँ के लिए खाना पकाने के लिए इनको चूल्हे में डालकर आग जला सकूँ।'' आगे कुछ दूरी पर रतन सूखे पत्तों को एकत्रित करने लगा तो एक बूढ़ा आदमी आया और बोला, ''बेटा, मैं एक वैद्य हूँ, मैं इन पत्तों से दवाइयाँ बनाता हूँ, कृपया इन्हें मत लो।'' फिर जैसे ही वे एक नाले के किनारे चलने लगे, पानी के ऊपर तैरता हुआ सूखा पत्ता देखा। वे एक-दूसरे को खुशी से देखते हुए उस पत्ते की ओर बढ़े, तभी एक नन्ही सी आवाज आई, ''रुको! यह पत्ता मेरे लिए नाले से पार जाने के लिए नाव है, इसके बिना मैं पानी में डूब मरूँगी।'' पत्ते पर बैठी हुई छोटी सी चींटी ने यह कहा।

वे दुखी मन से, मुरझाए चेहरों के साथ गुरुकूल वापस लौटे और गुरु को अपना अनुभव सुनाया। गुरु के चेहरे पर एक गंभीर मुसकराहट उभर आई, उन्होंने कहा, ''तुम्हें यह ज्ञान हुआ कि कोई भी चीज बेकार नहीं है, यही मेरे लिए गुरुदक्षिणा है। मैं यही चाहता था। मेरा आशीर्वाद है! ईश्वर हर समय तुम्हारे साथ हो।''

कोई भी चीज अनुपयोगी नहीं है, ईश्वर की महान् योजना में, हर चीज का अपना स्थान है! अभाव तो हमारी समझ का है।

विद्यार्थियों के लिए भगवान् बाबा के संदेश

शिक्षा तभी परिपूर्ण है,
जब हम पूरी तरह अंदर और बाहर से निर्मल हो।

जीवन में अज्ञानता बड़ा अभिशाप है,
जीवन में अज्ञानता सबसे बड़ा बोझ है।

अज्ञानता एक गुप्त अंधकार है,
अज्ञानता जीवन को दुखदायी बनाती है।

जो देख नहीं सकता, वह अंधा नहीं,
अँधा वो है, जो देखना नहीं चाहता।

अहंकार है समस्त दुखों का मूल,
त्याग दो अहंकार, दुःख दूर हो जाएँगे।

—बाबा

43

सामूहिक नकल

"शिक्षक को ज्ञानेंद्रियों पर नियंत्रण पाने के लिए साधना करनी चाहिए एवं मन, वचन और कर्म में सामंजस्य स्थापित करना चाहिए।"

Study is not merely for examinations
Study is for Life !!!

अपने छात्रों की परीक्षा संबंधित उत्तर-पत्रिकाओं की जाँच करते समय एक शिक्षक ने अधिकांश पुस्तिकाओं में सही और गलत उत्तरों में समानता पाई। उन सभी पुस्तिकाओं में अंतिम प्रश्न का उत्तर नहीं दिया गया था जिससे शिक्षक को यकीन हो गया कि परीक्षा में सामूहिक नकल की गई है।

उसने अपने छात्रों से इस विषय में प्रश्न किया और उनसे इस बात को स्वीकार करने को कहा, लेकिन छात्र संगठित रूप से अड़े रहे। किसी ने भी नकल करना स्वीकार नहीं किया। शिक्षक ने मानो स्वयं को सजा देते हुए अपने दाहिने हाथ से छड़ी उठाकर अपने ही बाएँ हाथ को जोर-जोर से मारना शुरू कर दिया।

छात्र आश्चर्य से हक्के-बक्के रह गए। शिक्षक ने अपने आपको कोसते हुए कहा, ''मेरे छात्रों ने नकल क्यों की? वे झूठ क्यों बोलते हैं? उन्हें मैंने सही मूल्यों की शिक्षा नहीं दी होगी।''

इससे पहले कि छात्र शिक्षक के हाथों से छड़ी लेने में सक्षम होते शिक्षक के हाथों से खून बहने लगा। छात्रों ने करुणापूर्ण प्रार्थना की, ''रुक जाइए।'' यह देखकर कि शिक्षक ने उनकी गलती के लिए खुद को जिम्मेदार ठहराया, छात्र दुखी होकर रोते हुए विनती करने लगे, ''सर, हमें क्षमा कर दीजिए।'' वे सभी एक साथ यह आग्रह करने लगे।

छात्रों से अपनी गलती स्वीकार करवाने का यह एक अनोखा तरीका था। यहाँ यह कहना जरूरी है कि संभवत: वे अब इस गलती को दुबारा नहीं दुहराएँगे। यदि शिक्षक विद्यार्थी के मर्म को पकड़ सके और उसमें वैचारिक परिवर्तन का प्रयास करे, तो उसे अपने आपको चोट पहुँचाना भी आवश्यक नहीं है, और इस तरह इस पीढ़ी के छात्र अधिक चरित्रवान हो जाएँगे।

बाबा कहते हैं, ''चरित्र ही शिक्षा का उद्‌देश्य है।'' आश्चर्य है कि आजकल के शिक्षक यह समझते नहीं कि बचपन में यह मूल पढ़ाने कितने जरूरी हैं। बाबा कहते हैं, ''शिक्षक का पहला काम छात्रों के हृदय में सद्‌गुणों का विकास करना है।''

प्यारे पाठको, चाहे आप एक माँ, बाप या फिर एक शिक्षक हों, अपने बच्चों की कोमल हृदयरूपी मिट्‌टी में चरित्ररूपी बीज का रोपण करने के लिए, समय देने का प्रयास जरूर करें।

बाबा हमें कहते हैं कि हमें प्रत्यक्ष उदाहरण द्वारा नेतृत्व करना होगा। अच्छे चरित्र की शिक्षा देने के लिए, हमें अपने बच्चों या अपने छात्रों को अपना उदाहरण प्रस्तुत करना होगा। इस बात को समझाने का यही एकमात्र तरीका है, क्योंकि प्रत्यक्ष को परिमाण की आवश्यकता नहीं होती।

44

राज्य का मूल्य

''अहंकार बहुत खतरनाक और शक्तिशाली होता है। वह आपके चरित्र को नष्ट कर सकता है।''

राज्य का मूल्य

एक समय एक राजा था, जिसे अपने विशाल राज्य का बहुत घमंड था। वह सोचता था कि उसका राज्य सबसे बड़ा और महान् राज्य था और इसके पहले इतना बड़ा राज्य किसी के पास नहीं था।

एक दिन एक बुद्धिमान आदमी उसके राजमहल में आया। उसने राजा से पूछा, ''राजाजी! आपके राज्य की कीमत क्या है?'' राजा ने एक अविश्वसनीय नजर से उसे देखा। राज्य की कीमत आँकना कैसे संभव है, वह भी ऐसे राज्य की? उस बुद्धिमान व्यक्ति ने फिर अपना प्रश्न दुहराया, तब राजा बोला, ''महाशय, मुझे आपका प्रश्न समझ नहीं आया।''

बुद्धिमान ने उसकी ओर गंभीरतापूर्ण ढंग से देखा और पूछा, ''ओ राजा, यदि तुम किसी मरुस्थल में असहाय स्थिति में होते और तुम्हें काफी दिनों तक खाना और पानी नहीं मिलता; यदि तुम प्यास से मर रहे होते और कोई तुमको एक गिलास पानी बेचने का प्रस्ताव करता, तो उसके लिए तुम क्या कीमत देते?'' राजा ने कहा, ''उसके लिए मैं अपना आधा राज्य दे देता।''

बुद्धिजीवी व्यक्ति ने कहा, ''यदि तुम बहुत बीमार हो जाते और मृत्यु के करीब होते, तब यदि कोई जीवन को बचाने के लिए तुम को अचूक दवा देता, तो उसके बदले में तुम उसे क्या देते?'' राजा ने कहा, ''मैं उसके लिए, उसे अपना आधा राज्य दे देता।''

बुजुर्ग बुद्धिजीवी मुसकराया और बोला, ''अच्छा, तो आपके पूरे राज्य का मूल्य एक गिलास पानी और कुछ दवा ही तो है, तो आप इस पर इतना घमंड क्यों करते हो?''

निश्चित ही जीवन की तुलना में सभी सांसारिक समृद्धियाँ और उपलब्धियाँ व्यर्थ हैं। महत्त्वपूर्ण तो चरित्र और वो गुण हैं, जो कि हम जिंदगी में अपना पाते हैं। केवल हमारे सद्कर्मों का फल ही मरणोपरांत हमारे साथ जाता है, जब हम ईश्वर की अदालत में पेश होते हैं।

'सोचने के लिए कुछ चीजें'

क्या यह आश्चर्यजनक नहीं है कि हम अपनी संतुष्टि के लिए अपनी संपत्तियों का मूल्यांकन करते रहते हैं? क्या यह सही नहीं है कि यह अपने अहंकार को बढ़ाने का माध्यम है? कुछ क्षण रुको और उन चीजों के बारे में सोचो, जो हमें बिना मूल्य के मिली हुई हैं? क्या आप इस खाने को भर सकते हो?

सूर्य की रोशनी	ताजी हवा	अभिभावक
वर्षा		

45

'भाग्यशाली औरत'

"जब बाधाएँ आएँ, उनका सामना साहस के साथ करें। वे आपको मजबूत और धैर्यवान बनाती हैं।"

MEMO
Vinayak
Vohra

मिस्टर बोहरा एक बड़ी कंपनी में मुख्य कार्यकारी अधिकारी थे। वे लंबे समय तक कार्य करते थे और अपने काम के प्रति समर्पित थे। उनके टेबल पर उनकी सुंदर पत्नी का चित्र था। जाहिर तौर पर वह उनसे बहुत अधिक प्यार करते थे। उनकी सचिव कविता एक सुंदर और नौजवान लड़की थी, जो उन्हें आदर और विस्मयता के साथ देखा करती थी। मिस्टर बोहरा या 'बॉस', जिस नाम से वो अकसर संबोधित किए जाते थे, की आदत थी कि वे कविता को अकसर अपने घर से संबंधित कार्यों को करने के लिए कहते थे। पिछले सप्ताह जब वे एक दिन के लिए बाहर गए हुए थे, उन्होंने उससे अपनी लड़की को स्कूल से घर छोड़ने के लिए कहा। एक दिन उन्होंने उसे बाजार से अपनी पत्नी के लिए, हेयरपिन, नेलपॉलिश रिमूवर और शैंपू खरीदने को कहा।

आश्चर्य था कि साग-सब्जी, फल और किराना-सामान जैसी दैनिक जरूरतों के चीजों की खरीदी भी मिस्टर बोहरा स्वयं किया करते थे। कविता ने देखा कि बॉस के कार की पिछली सीट गृहस्थी के सामान से भरी रहती थी, जो कि वह काम पर जाते समय, रास्ते में खरीदते थे। कभी-कभी वे यह कहते हुए जल्द ही दफ्तर से निकल जाया करते थे कि उन्हें अपनी पत्नी का कुछ काम करना है। कविता सोचती थी, श्रीमती बोहरा, कितनी आलसी औरत है, उसके पति ने उसे कितना बिगाड़ रखा है। एक दैनिक समाचार-पत्र में छपे हुए एक छोटी सी उक्ति की ओर उसका ध्यान गया, जिसमें लिखा था, 'एक सफल आदमी वह है, जो इतना अधिक कमाता है, जितना कि उसकी पत्नी खर्च भी नहीं कर सकती। और एक सफल औरत वह है, जो ऐसा आदमी ढूँढ़ पाती है।' उसने टेबल पर रखे चित्र की ओर सरसरी तौर पर निगाह दौड़ाई और सोचा, 'कितनी भाग्यशाली है ये औरत।'

उसने अपनी सादी-सफेद पोशाक को देखा, फिर श्रीमती बोहरा की छाती पर सजी हुई फीते वाली सज्जा को देखा। वह उसके कानों में, एक नग वाले हीरे और अपने कानों में चाँदी के बूंदे देखकर दु:खी हो रही थी। उसने उसके चेहरे की सुंदर त्वचा को ईर्ष्या से देखा, फिर अपने धूप से लाल हुए चेहरे से उसकी तुलना की। चित्र में श्रीमती बोहरा के बाल घुँघराले थे, जबकि उसका जूड़ा सख्त था, इससे उसे शर्मिंदगी हुई। उसने कामना की कि कम-से-कम श्रीमती बोहरा के भाग्य से आधा भाग्य उसका होता।

एक दिन श्रीमती बोहरा ने दफ्तर में फोन किया। मिस्टर बोहरा कार्यालय से बाहर किसी स्थान पर गए हुए थे, जिस वजह से उनका सेलफोन रेंज से बाहर था। अत: उसने कविता से बात की। उसने कहा, ''कविता क्या तुम जानती हो कि वह कब लौटेंगे, क्योंकि मुझे कुछ परेशानी है।'' कविता ने जवाब दिया, ''मैडम मेरे खयाल से वे शाम होने तक वापस नहीं लौटेंगे। क्या मैं आपकी कुछ मदद कर सकती हूँ?''

श्रीमती वोहरा ने कहा, ''ओह! नहीं! धन्यवाद कविता! बात यह है कि मेरे दाँत में बहुत दर्द है, और मुझे दाँतों के डॉक्टर के पास जाना जरूरी है। लेकिन कोई बात नहीं, मैं दर्दनाशक दवा ले लूँगी। जैसे ही वे लौटे, उन्हें फोन करने के लिए कहना।''

''मैं ऐसा ही करूँगी, आप अपना खयाल रखिएगा।'' कविता ने कहा। दो घंटे हो गए बॉस के आने की कोई सूचना न थी। कविता ने अपने अंतर्मन की सुनी और अपनी कार की चाबी उठाकर सीधे मिस्टर बोहरा के मकान की तरफ चल पड़ी।

दरवाजा आधा खुला था। वह एक सुंदर सा और अच्छे ढंग से सँजोकर रखा गया घर था। लेकिन वहाँ पर कोई दिखाई नहीं पड़ा। तभी उसे एक आवाज सुनाई दी, ''विनायक क्या तुम घर आ गए हो? मैं पीछे की लॉबी में हूँ, मैं तुम्हारा इंतजार कर रही हूँ, आ जाओ।''

कविता मिसेस बोहरा से मिलने के लिए आवाज की तरफ बढ़ गई, लेकिन उसके सुंदर चेहरे को देखकर नहीं; बल्कि उसकी कुरसी को देखकर उसके होश उड़ गए। वह एक व्हील चेयर पर बैठी हुई थी। उसकी दोनों टाँगें सूती चादर से ढकी हुई थीं। मिसेस बोहरा ने उसे गंभीरता से देखा और बोली, ''तुम कौन हो? तुम अंदर कैसे आ गई?''

कविता ने धीरे से उत्तर दिया, ''मैं कविता हूँ, दरवाजा खुला था, इसलिए मैं अंदर आ गई। मैं आपको यह पूछने के लिए आ गई कि यदि आप चाहें तो मैं आपको दाँतों के डॉक्टर के पास ले जा सकती हूँ। मिस्टर बोहरा अब तक वापस नहीं लौटे हैं।'' उसने एक साँस मैं यह सब कह डाला, लेकिन उसकी आँखें उसकी दोनों टाँगों से हट न पाईं।

''धन्यवाद कविता, लेकिन मुझे डर है, केवल विनायक ही मुझे ले जा

सकता है, तुम्हारे लिए यह संभव नहीं होगा कि तुम मुझे व्हील चेयर से उठाकर कार में बैठा सको, फिर व्हील चेयर को बंद कर अपनी कार में रखना भी तुम्हारे लिए मुश्किल होगा। मैं उनके वापस आने तक उनका इंतजार करूँगी। तुम मेरे साथ एक कप कॉफी क्यों नहीं ले लेती हो?" कविता इतनी चकरा गई कि बिना सोचे ही उसने "ठीक है," कह दिया।

जैसे ही दोनों महिलाएँ कॉफी पीने के लिए बैठी, श्रीमती बोहरा ने बोलना शुरू किया। "...हमारी शादी को दस बरस हो गए। शादी के एक बरस बाद हमारी कार की दुर्घटना हो गई। मैंने कुछ देर पहले ही, हमारी बेटी को जन्म दिया था। दुर्घटना से मेरे कमर से नीचे का हिस्सा अशक्त हो गया। विनायक के कंधे में भी गहरी चोट लगी, जो कुछ महीनों में ठीक हो गई। हमारी बेटी उस समय मेरे मायके में थी। तब से ही मैं व्हील चेयर में सीमित हो गई हूँ। लेकिन मेरी जिंदगी में विनायक चट्टान की तरह खड़े हैं, वह मेरे लिए सब कुछ हैं। वह हमारी पुत्री के लिए उसकी माता और पिता दोनों हैं। मैं उनके लिए कुछ नहीं कर सकती, लेकिन ऐसी कोई चीज नहीं है, जो वह मेरे लिए न करते हों। ईश्वर की असीम कृपा है कि वह मेरे पति हैं। मैं उनसे बहुत प्यार करती हूँ..." उसकी आँखों में आँसू छलक आए। "मैं भी तुम्हें बहुत प्यार करता हूँ," दरवाजे की तरफ से एक आवाज उभरी। दोनों महिलाओं को विनायक के घर में आने का आभास तक नहीं हुआ था, "प्रिय, तुम्हें पाना मेरा सौभाग्य है।"

कविता का बाहर जाना ही ठीक था। उसने दोनों को अलविदा कहा। अब उसके मन में श्रीमती बोहरा के हीरे या उसके रूप रंग के लिए कोई ईर्ष्या नहीं रह गई थी। उसने शांति से मन-ही-मन प्रार्थना की, "हे ईश्वर, ये दोनों एक-दूसरे को ऐसे ही हमेशा प्यार करते रहें।"

जैसे ही वह उनके घर से निकली, उसने लॉबी में एक पोस्टर देखा। उसपर लिखा था—

'मेरे प्यार के लिए'

एक मुट्ठी भर मिट्टी को
पानी डाल, थप-थपा
एक प्रतिमा मेरी
एक तुम्हारी बनाना

फिर उन्हें तोड़-मरोड़कर,
पानी डाल, थप-थपा
फिर एक बार
एक प्रतिमा मेरी
एक तुम्हारी बनाना

फिर मेरी मिट्टी में, कुछ-कुछ तुम होंगे
और तुम्हारी मिट्टी में, कुछ-कुछ मैं
फिर हम-तुम कभी जुदा न होंगे
जीवन भर एक ही बिछोने पर
और मरकर एक ही कफन के नीचे।

—लेखक अज्ञात

हाँ, यह सही है कि हममें से हर एक में कुछ-न-कुछ कमी है, लेकिन इसके साथ ही एक-दूसरे को स्वीकार करने में सच्चा सुख है। कभी भी किसी के साथ सामंजस्य स्थापित करने के लिए, हमें उसे परिवर्तित नहीं करना है। सामंजस्य, दूसरे व्यक्ति को उसकी गलती व खूबियों सहित स्वीकार करने को कहते हैं।

46

सूर्य की तरह पिता

''पिता बनने में कोई महानता नहीं है। जब पुत्र का जन्म होता है तो पिता को आनंदोत्सव मनाने का कोई कारण नहीं होता। लेकिन जब सभी पुत्र के सद्‌गुणों की प्रशंसा करें, तब पिता को उसके जन्म का वास्तविक आनंद प्राप्त होता है।''

हममें से कुछ लोग अपने स्वभाव से ही लोकप्रिय होते हैं, और अपने संपर्क में आनेवाले किसी भी शख्स को दोस्त बना लेते हैं। इस तरह के लोग किसी भी व्यक्ति से बातचीत कर सकते हैं, और अजनबियों को देखकर भी मुसकरा सकते हैं। विनीत के पिता का स्वभाव कुछ ऐसा ही था। लेकिन विनीत का स्वभाव अपने पिता के स्वभाव से विपरीत था। उसकी उम्र पंद्रह वर्ष की थी, लेकिन आज तक उसका कोई मित्र नहीं था। वह छुट्टियों में सारा समय अपने कंप्यूटर के साथ बिताता था। उसका कंप्यूटर ही उसका दोस्त था। उसको किसी भी दोस्त से कोई फोन कॉल नहीं आता था। वह न तो घर के बाहर जाता था, न ही उसे सिनेमा आदि देखने का कोई शौक था। स्कूल का काम उसे वैसे भी नीरस लगता था। वह हमेशा अपने आपमें खोया रहता था।

एक बार फिर पिता ने अपने पुत्र को अपने अकेलेपन से बाहर निकलने को कहा। पिता ने उसे अपने स्वयं के मित्रों से मिलने एवं उनसे कार्यों के बारे में वार्त्तालाप करने को कहा। लेकिन विनीत उनसे कोई बात नहीं करता था।

विनीत स्कूल में भी अपने दोस्तों से तभी बात करता था, जब ऐसा करना बहुत जरूरी हो जाता था। वह घर के बजाय स्कूल में कभी-कभी थोड़ी-बहुत बात कर लेता था। एक शाम उसके पिता ने कहा, ''बेटे, क्या तुमने जिम जाकर वहाँ ट्रेनर से बात की थी?'' उसने अनमने ढंग से जवाब दिया, ''जी नहीं, पापा।'' विनीत कंप्यूटर में कार की रेस में व्यस्त था। ऐसे में जब वह पिता की बात पर ध्यान न देता तो उन दोनों में तनाव और खीझ का वातावरण बन जाता। रोज शाम को जब पिता घर लौटते, विनीत से पूछते, ''बेटा, आज तुमने कितनी देर तक पढ़ाई की?'' प्रतिदिन उसे जीवन के रहस्यों, क्या करना चाहिए और क्या नहीं, समय का सदुपयोग, जीवन की प्राथमिकताओं, भविष्य की योजनाओं आदि पर बेहिसाब व्याख्यान सुनने को मिलते थे।

पिता अपने पुत्र के भविष्य को लेकर वास्तविक रूप से चिंतित थे लेकिन इस बात को समझने के बजाय, विनीत प्रायः चिढ़ जाता था। उसे लगता यह कथा तो रोज ही सुननी पड़ती है। जब पिता बोलना शुरू करते, वह सोचता अब फिर लेक्चर होगा, वह तुरंत ही अपने कानों को बंद कर लेता था।

इस तरह दिन और महीने गुजरते गए। रोज वही नजारा, वही नाटक होता था, लेकिन विनीत हमेशा की तरह अपने कार्य या व्यक्तित्व के विकास को लेकर गंभीर नहीं था। वह एक तीक्ष्ण बुद्धि का बालक था, परंतु आलस्य का प्रतिबिंब भी था।

एक दिन पिता की मुलाकात एक बुद्धिमान व्यक्ति से हुई। उसने अपने पुत्र के व्यवहार के बारे में उनसे चर्चा की। बुद्धिमान व्यक्ति मुसकराकर बोला, "क्या आपने कभी सूर्य को देखा है?"

पिता ने कहा, "हाँ, हाँ!" बुद्धिमान व्यक्ति द्वारा किया गया इशारा पिता की समझ में नहीं आया। "सूर्य जब उदय होता है, तो अपना प्रकाश एक दिशा से देता है। दोपहर में, वह सीधे सिर के ऊपर होता है, तब तुम्हारी छाया सबसे छोटी होती है। जैसे-जैसे सूर्य आगे बढ़ता है और कुछ दूरी से प्रकाश देता है, वैसे-वैसे छाया लंबी होती जाती है। सूर्य सिर के ऊपर काफी अधिक समय तक नहीं ठहरता। अधिकांश समय वह दूर से तुम पर प्रकाश डालता है।"

"सही कहा आपने, लेकिन आप कहना क्या चाहते हैं?" असमंजस भरी नजर डालते हुए पिता ने पूछा। बुद्धिमान व्यक्ति ने स्पष्ट करते हुए कहा, "तुम्हें भी सूर्य की तरह बनने की आवश्यकता है। अपने लड़के पर इतना ज्यादा हावी मत हो कि गरमी के मारे उसे घुटन महसूस होने लगे। दूर से उस पर निगरानी रखो। उसे अपना संरक्षण प्रदान करो तथा एक दूरी बनाकर उसको उत्साहित करो। जब भी वह ऊपर देखे, उसे दिखाई पड़ना चाहिए कि तुम उस पर निगरानी रखे हुए हो तथा उस पर अपना स्नेह न्योछावर कर रहे हो। यदि तुम उसके सिर पर ही खड़े रहोगे तो उसकी छाया छोटी हो जाएगी। यदि उससे थोड़ी दूरी बनाकर रखते हो तो देखोगे कि उसकी छाया लंबी होती जाएगी। उसे नियमित रूप से आजादी दो जिससे कि उसका दम न घुटे। उसे अपने दिमाग से सोचने दो। तुम उसकी ओर से सोचने का काम मत करो।"

अपने बच्चों को अपनी उपस्थिति की गरमी अवश्य प्रदान करो। लेकिन इतनी नहीं कि वे उसमें जलने लगें।

हाँ, हम लोगों में से अधिकांश लोग अपने बच्चों पर रौब जमाते हैं।

हम उनकी सोचने की ताकत को अपंग बना रहे हैं। उन्हें सोचने का अवसर प्रदान करने की बजाय हम उनकी सोच को प्रभावित करने लगते हैं।

सूर्य से स्पर्धा करने का विचार अच्छा है। यदि एक पिता अपने व्यक्तित्व को सूर्य के समान बना ले तो अवश्य ही एक दिन वह स्वाभिमान से कह सकेगा, "जैसा पिता, वैसा पुत्र!"

अपने बच्चों को इस कदर अपनी आगोश में लें कि उसकी गरमी में उनकी साँस न घुटने लग जाए, परंतु आपकी प्यार भरी भावनाओं की हल्की सी गरमाइश से उन्हें सुकून अवश्य मिले!

47

रक्तदान

"लेने के बजाय देने में ज्यादा आनंद है।"

BLOOD

कहते हैं कि प्रेम बिना शर्त होता है। प्रेम शुद्ध होता है। प्रेम केवल देना जानता है, वह बदले में किसी प्रकार की चाह नहीं रखता। एक छोटी लड़की को खून की जरूरत थी। उसके खून का ग्रुप असाधारण था और ब्लड-बैंक में उसके ग्रुप का खून उपलब्ध नहीं था, जहाँ से उसे खून दिया जा सके। डॉक्टर ने उसके दस वर्षीय भाई की ओर देखा और बोला, "बच्चे, क्या तुम अपनी बहन को अपना खून देना चाहोगे? मैं वादा करता हूँ, इससे तुम्हें कोई तकलीफ नहीं होगी।" उस छोटे से बच्चे ने डॉक्टर की ओर देखा और अबोध ढंग से पूछा, "क्या इससे उसकी जान बच जाएगी?" "अवश्य," डॉक्टर ने कहा। वह मुसकराकर बच्चे को आश्वस्त कराने की कोशिश कर रहा था। लड़के ने गहरी साँस लेते हुए कहा, "ठीक है, मैं ऐसा करूँगा।" डॉक्टर ने उसका हाथ पकड़ा और उसे स्ट्रेचर पर लिटा दिया। उसकी बाजू में एक पतली सी सुई घुसाई, जिससे उसका खून ब्लड-बैग में भरने लगा। छोटे बच्चे ने ट्यूब (जो कि बैग से जुड़ी हुई थी), को देखते हुए व्यग्रता से पूछा, "डॉक्टर, क्या मैं अभी से ही मरने लग जाऊँगा?"

उस छोटे से अबोध बच्चे को यह लगा कि उसे अपनी नन्ही सी बहन को बचाने के लिए अपने शरीर का पूरा खून देना पड़ेगा, फिर भी वह ऐसा करने के लिए सहर्ष तैयार हो गया था।

यही असली प्रेम है!

> "तुम जो भी कर्म, प्रेम और सेवा की भावना से करते हो, वह तुम्हे परमात्मा की ओर ले जाता है। जिस कर्म में घृणा छिपी होती है, वह परमात्मा से दूर ले जाता है।"

48

'कलाकार'

''तुम्हारे जीवन को आकार प्रदान करने में, तुम्हारे विचार जानदार भूमिका निभाते है।''

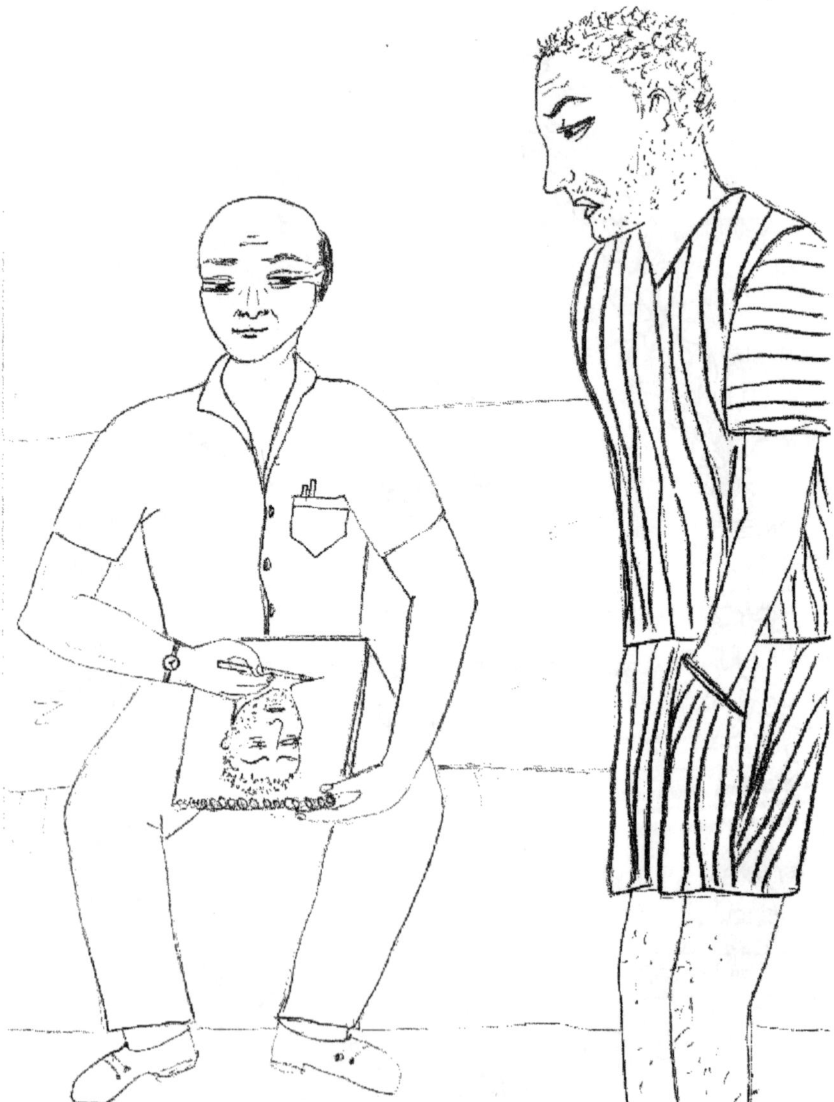

एक जवान, होनहार कलाकार, अपने स्केचिंग पैड और पेंसिल के साथ, एक पार्क में बैठा हुआ था। उसने एक हृष्ट-पुष्ट और सुंदर लड़के को अपने वीडियो गेम के साथ घास पर खेलते हुए देखा। उसकी माँ उसके पास ही चादर बिछाकर लेटी हुई थी। कलाकार को बच्चे का चेहरा बेहद भोला-भाला और आकर्षक लगा। उसने तुरंत उस बच्चे का चित्र बनाना शुरू किया, कुछ समय में उसने चित्र पूरा कर लिया और उस बच्चे के पास गया। उसने बच्चे को उसकी तसवीर दिखाई और शरारतपूर्ण ढंग से पूछा, "क्या तुम इस बच्चे को जानते हो?" बच्चे ने उस चित्र को आश्चर्य से देखा और मुसकराते हुए बोला, "क्या आप जादूगर हो?" कलाकार बोला, "नहीं, मैं एक कलाकार हूँ। क्या तुम अपने चित्र को अपने पास रखना चाहोगे?" बच्चा बेहद रोमांचित ढंग से बोला, "क्या मैं इसे रख सकता हूँ? ओह! आपका बहुत-बहुत धन्यवाद। मैं इसे अपने पास हमेशा सँभालकर रखूँगा। यह तो बहुत अनमोल उपहार है।" बच्चे की माँ ने भी कलाकार का धन्यवाद किया।

वह कलाकार चित्र बनाने में माहिर हो गया। उसने विभिन्न संस्कृति एवं धर्म के लोगों के चित्र बनाए। उसने भिखारियों, राजा-महाराजाओं, पुलिसवालों, गृहणियों, मॉडल्स, गोल्फ के खिलाड़ियों इत्यादि के चित्र बनाए। वह तिब्बती चेहरा, यूरोपियन चेहरा, यहाँ तक कि सुंदर ग्रीक देवियों की प्रतिकृति बनाने में भी सक्षम था। वह अपनी कला में निपुण एवं पारंगत कलाकार बन गया था। वह अब अपने काम के लिए अधिक-से-अधिक पारिश्रमिक भी वसूलने लगा। अब साधारण लोग उससे अपना चित्र नहीं बनवा सकते थे, क्योंकि वह उसका दाम नहीं चुका सकते थे।

उसका एक दोस्त, जो कि पुलिस अफसर था, शहर के नजदीक की छावनी में प्रभारी था। एक दिन जब वह जेल के करीब से गुजर रहा था, तो वह अपने मित्र से मिलने आ पहुँचा। जब वह अपने मित्र के साथ बैठा हुआ भूनी मूँगफली के साथ गरम कॉफी की चुस्की ले रहा था, तो उसने कहा, "मैंने आज तक किसी अपराधी का चित्र नहीं बनाया है। क्या मैं तुम्हारे कैदियों को देख सकता हूँ? संभवत: उनमें मुझे कोई दिलचस्प विषय मिल जाए जो कि चित्र बनाने के योग्य हो।" अफसर ने कहा, "अवश्य।"

वे दोनों साथ-साथ जेल की चारदीवारी के अंदर गए। वहाँ पर काफी

संख्या में अपराधी काम कर रहे थे। उनमें से एक खोया हुआ सा पेड़ के नीचे बैठा हुआ था। कलाकार बोला, "यह अत्यधिक दुखी और विचारमग्न दिखाई पड़ रहा है, क्या मैं यहाँ बैठकर उसको देख सकता हूँ? क्या मैं उसके चेहरे की प्रतिकृति बना सकता हूँ?" जेलर ने उसके कंधे पर हाथ रखा और बोला, "यदि तुम्हें यह दिलचस्प लगता है तो अवश्य बनाओ।"

कलाकार ने अपने कोट की जेब से स्केचिंग पेड निकाला और पूरी एकाग्रता से अपने काम में लग गया। वह काम के दौरान बार-बार उस अपराधी की ओर नजरें दौड़ा रहा था, फिर अपनी स्केचिंग कर रहा था। अचानक जब कलाकार ने उसकी ओर देखा, तो कैदी वहाँ नहीं था। बल्कि वह उसके बिल्कुल बगल में ही खड़ा होकर उसके कार्य को बारीकी से देख रहा है। कलाकार ने आश्चर्य से उसकी ओर देखा और बोला, "ओह! मैं तुम्हारा ही चित्र बना रहा था, तुम्हें बुरा तो नहीं लग रहा न?"

"महोदय, मेरी जानकारी के बगैर, आप दूसरी बार तो ऐसा नहीं कर सकते थे!" कलाकार ने आश्चर्य से पूछा, "आप क्या कहना चाहते हैं?" तब अपराधी ने अपनी जेब से बड़ी सावधानी से एक फटा-पुराना कागज निकाला। उस कागज पर तीन जगह टेप लगी थी और उसे बड़ी सावधानी से तह किया गया था। उसमें एक बच्चे की स्केच की हुई तसवीर थी। अपराधी ने पूछा, "क्या आप इस बच्चे को जानते हो?" कुछ देर खामोश रहने के बाद कलाकार ने कहा, "यह चित्र तो अवश्य ही मेरे द्वारा बनाया गया है। लेकिन यह तुम्हारे पास कैसे है? तुम कौन हो?" अपराधी दुखी मन से हल्का सा मुसकराया और उस फटे-पुराने चित्र की ओर इशारा करते हुए बोला, "ये मैं ही हूँ। यह तब का है, जब मैं अबोध मासूम था...किंतु आज मैं वो मासूम बालक नहीं हूँ। आज मैं वह हूँ, जिसका चित्र आपने अभी बनाया है...एक अपराधी...मैं बुरी संगत में पड़ गया और एक जालसाज बन गया। मैं एक चेकबुक के साथ पकड़ा गया, जिसे मैंने अपने मालिक की दराज से चुराया था, उसके सभी पन्नों पर मैंने मालिक के झूठे हस्ताक्षर किए थे। अब जेल में उस अपराध की सजा काट रहा हूँ। जब मैं दस वर्ष का था तो मेरी माँ का देहांत हो गया, मेरा पिता शराब पीने में व्यस्त रहता था। सही जीवन जीने का सलीका सिखाने के लिए मेरे पास कोई नहीं था। काश, मैं अपनी मासूमियत को वापस हासिल कर सकता।" उसने

आँसू के तूफान में कँपकँपाती हुई जुबान में कहा।

कलाकार भाव-विभोर हो गया। वह बोला, ''मेरे मित्र, मैं हर प्रकार से तुम्हारी मदद करने का प्रयास करूँगा, तुम अपनी जेल की मियाद पूरी कर लो। तुम्हारे लिए मेरे हृदय में खास जगह है। अब मैं तुम्हारे पिता का किरदार निभाऊँगा। मैं तुम्हारी प्रतीक्षा करूँगा।''

हममें से अधिकांश के साथ ऐसा ही होता है। सांसारिक प्रपंच और इसके दाँव-पेच हमसे हमारी मासूमियत छीन लेते हैं। ईश्वर ने हमें फरिश्ते की तरह बनाया है, किंतु यह क्रूर संसार हमें शैतान बना देता है। यदि हम अपने आपको सिर्फ अपने परमपिता से जोड़कर रखने में कामयाब हो जाते हैं, तब तो उम्मीद होती है कि हम अपने आपको शुद्ध बनाए रख सकें। तब हमें ईश्वर से किसी प्रकार का डर भी नहीं लगता। ईश्वर से प्यार करने के लिए इतना पर्याप्त होता है। जब झील में पानी की एक बूँद गिरती है, वह अपनी पहचान खो लेती है, लेकिन वही जब कमल के पत्ते के ऊपर गिरती है, वह मोती के समान चमकती और झिलमिलाती है। बूँद वही है, फर्क संगति का है।

49

‘रामू से ममता’

“बुरे कर्म से कभी अच्छाई पैदा नहीं होती, अच्छाई से कभी बुराई का जन्म नहीं होता। नीम के बीज से कभी आम, और आम के बीजों से कभी नीम नहीं पनपता।”

उर्मिला कई साहूकारों के घरों में घरेलू कार्य किया करती थी। रामू उसका लड़का था। ठकुराइन अकसर उसके परिवार के लिए भोजन और पुराने कपड़े उर्मिला को दे दिया करती थी। ठंड के दिन थे शाम के समय उर्मिला किसी व्यक्ति के यहाँ काम करने को गई हुई थी। वह गर्भवती थी। उसे प्रसव-पीड़ा आरंभ हो गई, उसके पति को बुलाकर उसे जल्दी से अस्पताल में दाखिल किया गया। उसे छह दिनों तक आपात कक्ष में रहना पड़ा।

लेकिन रामू का क्या हुआ? जब उसकी माँ रात को समय पर घर वापस नहीं आई, वह छह वर्षीय मासूम बालक रो-रोकर बेहाल होकर सो गया। दूसरे दिन जब उर्मिला ठकुराइन के घर काम करने नहीं पहुँची, तो ठकुराइन उसका पता लगाने उसकी झोंपड़ी में जा पहुँची। उसने वहाँ पर रामू को ठंड से काँपते, भूखा और लगभग डर से मरणासन्न स्थिति में पाया। वह उसे अपने घर ले आई। उसने उसे खाना खिलाया, कपड़े पहनाए और छह दिनों तक वह बिलकुल माँ की तरह उसकी देखभाल करती रही। एक दिन उसका पिता उसे खोजते हुए आया। वह बोला, "मैंने सोचा था पड़ोसी लोग उसकी देखभाल करेंगे, मैं उर्मिला को छोड़कर आने की स्थिति में नहीं था। आपका बहुत-बहुत धन्यवाद।"

लगभग चालीस वर्षों बाद, ठकुराइन को हार्ट अटैक होने पर एक निजी अस्पताल में दाखिल कराया गया। कार्डियक सर्जन डॉ. मोहन उनका इलाज कर रहे थे और उन्होंने उन्हें जीवन दान दिया। इलाज के बिल की राशि काफी बड़ी थी। जब श्रीमान ठाकुर भुगतान के लिए पहुँचे, यह जानकर बड़े आश्चर्यचकित हुए कि डॉ. मोहन के आदेशानुसार बिल का भुगतान लेने से मना कर दिया गया है।

बिल पर एक छोटा सा नोट लिखा था, जिसमें कहा गया था कि छह दिन तक एक उपेक्षित बच्चे को माँ की तरह देखभाल करने, साथ ही गरम दूध और खाना देने के एवज में बिल की रकम का पूरा भुगतान हो गया है।"

डॉ. रमेश मोहन उर्फ रामू उस उपकार को भूले नहीं थे। प्यार और दुलार शायद ही कभी कोई भुला सकता है। लेकिन कभी कुछ पाने के लिए प्यार और दुलार न करें, ये तो वैसे ही करते रहें, क्योंकि ऐसा करना अच्छा होता है।

50

संसार का सबसे महान् शिक्षक

"शिक्षक जलाशय की तरह होते हैं, जिनसे शिक्षा के माध्यम से छात्र जीवन की सिंचाई के लिए पानी प्राप्त करते हैं।"

Behind every smiling flower, is the energy of the
SUN
SOIL
WATER

श्रीमती जोएल चौथी कक्षा की नई क्लास टीचर बनी थी। यह क्लास असामान्य रूप से प्रतिभावान बच्चों से भरी थी, सिवाय मलिका के, जिसकी आँखें उदास और सुस्त दिखाई पड़ती थीं, मानो कि वह दूर, बहुत दूर हो। उसका काम भी उसके हाव-भाव की तरह ढीला-ढाला और अस्त-व्यस्त था। वह अपने होम-वर्क को कभी भी पूरा नहीं करती थी। क्लास के इम्तिहानों के लिए कभी तैयार नहीं होती थी। कई महीने बीत गए, श्रीमती जोएल भी मलिका के प्रति कुछ चिड़चिड़ी हो गई। जब अर्धवार्षिक परीक्षा खत्म हुई, श्रीमती जोएल रिजल्ट तैयार करने लगी। वह मलिका को उसी कक्षा में दुबारा रखे जाने के लिए सिफारिश करने की सोच रही थी। लेकिन उसके अंतर्मन ने कहा कि वह मलिका से कहे कि वह अपने पुराने रिपोर्ट उसे दिखाए। दूसरे दिन मलिका एक गंदी सी प्लास्टिक की फाइल में अपनी पुरानी रिपोर्ट ले आई। श्रीमती जोएल उसकी पुरानी रिपोर्ट्र्स को पढ़ने बैठ गई।

किंडर गार्डन—रिपोर्ट : असाधारण रूप से अच्छे आचरण वाली तथा सुव्यवस्थित लड़की। हमेशा जिंदादिली एवं मुसकराहट से परिपूर्ण; श्रेष्ठ!

कक्षा एक—रिपोर्ट : मलिका अपने चारों ओर खुशी बनाए रखती है। क्लास के प्रोजेक्ट्स में मदद के लिए हमेशा तैयार रहनेवाली, अच्छे नंबरों से परिपूर्ण।

कक्षा दो—रिपोर्ट : मलिका कठोर परिश्रम करनेवाली तथा प्रतिभाशाली लड़की है। हमें जानकारी मिली कि उसकी माँ का स्वास्थ्य ठीक नहीं है, तो क्या उसके पिता उसको अधिक समय दे सकते हैं?

कक्षा तीन—रिपोर्ट : मलिका अपने जीवन को बेहतर करने के लिए कठिन परिश्रम कर रही है। उसकी माँ की मृत्यु के बाद उसकी तरफ अधिक ध्यान देने की जरूरत है। उसे घर के दूसरे लोगों से प्यार की जरूरत है।

प्रार्थना : पिता, कृपया अपना सर्वश्रेष्ठ प्रदान करें।

अब श्रीमती जोएल साफ-साफ समझ गई। उसको स्पष्ट पता चल गया कि क्या चल रहा है। उसने अपने मन में दृढ निश्चय कर लिया कि मलिका उस कक्षा को नहीं दोहराएगी। बल्कि वह उसी प्रकार अच्छा पढ़ेगी जैसे कि उसने के. जी. एवं क्लास—एक में किया था। अब श्रीमती जोएल उस उपेक्षित बच्ची की तरफ विशेष ध्यान देने लगी। उसे कक्षा का मॉनीटर बना दिया और उसे क्लास

की पहली पंक्ति में बैठाया। मलिका अपनी क्लास टीचर को मानचित्र बनाने, कक्षा की परियोजनाओं को तैयार करने, विज्ञापन बनाने वगैरह में सहायता करने लगी। श्रीमती जोएल अकसर अपने हाथ को उसके छोटे कंधों पर प्यार से रख देती और कहती, "मलिका, तुम बहुत प्यारी लड़की हो।"

दिन-प्रतिदिन मलिका अपने आत्मविश्वास को दुबारा वापस पाने लगी। उसने अच्छी तरह से अध्ययन करना आरंभ कर दिया। श्रीमती जोएल के विशेष स्नेह और देखभाल रूपी सूर्य के प्रकाश की प्रेरणा से उसने अपनी अंतिम परीक्षा को विशेष अंकों से उत्तीर्ण किया। मलिका पाँचवीं कक्षा में पहुँच गई, परंतु श्रीमती जोएल ने उससे अपना संबंध बनाए रखा। मलिका स्कूल छूटने पर या अवकाश के समय श्रीमती जोएल से संपर्क करती थी। जब मलिका ने अपनी पढ़ाई पूरी कर ली, उसने श्रीमती जोएल को आलिंगन किया और बोली, "मैडम, आज मैं जो भी हूँ, वह आपकी वजह से हूँ। पूरे संसार में, आप सबसे श्रेष्ठ टीचर हैं।"

लेकिन कहानी यहाँ पर खत्म नहीं होती। दस वर्ष बाद श्रीमती जोएल को मलिका का एक पत्र मिला। उसमें लिखा था—"आदरणीय मैडम, मैंने अपनी कंप्यूटर इंजीनियरिंग की डिग्री पूरी कर ली है। इतने वर्षों तक बहुत सारे टीचर्स से पढ़ने के बाद, मैं आज भी मानती हूँ कि आप पूरी दुनिया की सबसे अच्छी टीचर हैं। मेरे पिता का निधन पिछले वर्ष हो गया। मैं अपने क्लास के साथी आलोक श्रीवास्तव के साथ शादी करना चाहती हूँ। क्या आप मेरी माँ बनकर मेरा कन्यादान करेंगी?"

जब श्रीमती जोएल उस विवाह समारोह में गई, उन्होंने आलोक से कहा, "यजमान, तुम्हें एक बहुमूल्य रत्न मिला है, इससे सँभालकर रखने की योग्यता बनाए रखना।"

और उसने मलिका से जो कहा, वह था, "तुमने कहा कि मैं दुनिया की सबसे अच्छी टीचर हूँ। क्या तुम जानती हो कि किसने मुझे ऐसा बनने की प्रेरणा दी? वह तुम हो मलिका। तुमने मुझे बहुत अच्छा बनने की प्रेरणा दी और मैं यह देखकर बहुत खुश हूँ कि मैं तुमको भी अच्छा बनने की प्रेरणा दे पाई। याद रखो, जब भी तुम्हें मेरी जरूरत हो, मैं तुम्हारे लिए हाजिर हो जाऊँगी।"

भगवान् बाबा ने अत्यंत खूबसूरती से कहा है, "एक बुरा शिक्षक शिकायत करता है, एक अच्छा शिक्षक समझाता है पर एक सर्वश्रेष्ठ शिक्षक प्रेरित करता है।"

51

'जय श्रीराम'

''करुणा से भरा हुआ हृदय ईश्वर के मंदिर के समान है।''

संजय प्रत्येक मंगलवार शाम को मंदिर जाकर ईश्वर को भोग के रूप में कुछ मिठाई अर्पित करता था। इसके बाद मंदिर के बाहर, कतार में बैठे गरीब बच्चों को, वह प्रसाद वितरित करता था।

वह अकसर इन बच्चों को बाँटने के लिए चॉकलेट, बिस्कुट या मिठाइयाँ ले जाता था। उसे हमेशा बच्चों को वे चीजें देने में खुशी होती थी जो वह खुद खरीदने में समर्थ नहीं थे। जब बच्चे चॉकलेट लेकर खुशी से मुसकराते तो उनके खिले चेहरे देखकर उसके दिल को बड़ा सुकून मिलता था। वह उन बच्चों से निवेदन किया करता था कि जैसे-जैसे उन्हें प्रसाद मिले, वे साथ-साथ 'जय श्रीराम' का उद्‌घोष करें।

जैसे ही वह मंदिर के अहाते में प्रवेश करता था, बच्चे उसे देखकर उल्लास से मुसकराते थे और हँसकर कहते थे, 'जय श्रीराम अंकल' आ गए! एक दिन वह उनके सामने आम के जूस की पेटी लेकर आया और बोला, "आज कौन-कौन मैंगो जूस पीना चाहता है? जो मेरे बाद 'जय श्रीराम' नहीं कहेगा, उसे जूस नहीं मिलेगा," ऐसा कहते हुए उसने आम के जूस के पैकेट बाँटने शुरू कर दिए। हर बच्चा उसके बाद 'जय श्रीराम' का उद्‌घोष करता था। जबकि एक बच्ची ने वह नारा नहीं दुहराया। उसने उसे तीन बार 'जय श्रीराम' बोलने के लिए कहा, लेकिन वह सिर्फ संकोचपूर्ण ढंग से मुसकरा देती थी। अनुशासन की मर्यादा रखने की खातिर संजय ने उसे जूस नहीं दिया और आगे की ओर बढ़ गया।

जैसे ही उसने कुछ और पैकेटों का वितरण किया तो उनमें से एक बच्चा बोल पड़ा, "अंकल, वह लड़की बोल नहीं सकती।" यह सुनते ही, उसे बहुत झटका लगा। वह वापस उस लड़की के पास पंहुँचा, उसके सिर पर हाथ फेरते हुए बोला, "मुझे माफ करना बेटा।" ऐसा कहते हुए संजय ने उस लड़की को जूस के दो पैकेट दिए।

कई बार अति उत्साह में या अनुशासन बनाने की उत्सुकता में हम भूल जाते हैं कि हमारे चारों ओर के सभी लोग, उतने भाग्यशाली नहीं हैं, जितने कि हम हैं। कभी-कभी कुछ चीजें व्यक्ति के नियंत्रण से बाहर होती हैं। यदि हम कुछ पलों के लिए रुककर, उस व्यक्ति के दृष्टिकोण से उस स्थिति का आकलन करें, तब हम उन लोगों को बेहतर ढंग से समझ पाने में सफल होंगे।

52

चरित्र : धनी व्यक्ति की संपत्ति नहीं

"हर कार्य में धैर्य, सहनशक्ति और परस्पर सहयोग देने की भावना रखें। परिवार में सहनशक्ति और आपसी सम्मान बनाएँ।"

कभी-कभी घटनाओं की कड़ियाँ एक तथ्य या कुछ छिपे हुए सबक को प्रत्यक्ष कर देती हैं। आश्चर्यजनक रूप से कुछ दिन ऐसे ही होते हैं।

एक दिन एक महिला को सड़क से एक फल-विक्रेता की आवाज सुनाई पड़ी, ''सुनहरे आम, ताज और पके हुए।'' अपने गृह-कार्य को छोड़कर वह बाहर निकली और उसने देखा कि एक बुजुर्ग बढ़िया किस्म के आमों से लदे हुए ठेले को धकेल रहा था। उसने उससे पूछा, ''आम किस कीमत पर बेच रहे हो?'' वह बोला, ''40 रुपए प्रति किलो।'' महिला ने उससे कहा कि वह उसे 10 किलो आम दे दे।

उसने एक छोटा सा जंग लगा तराजू बाहर निकाला और उसके एक तरफ 1 किलो का बाट रखा, ''क्या आपके पास 5 किलो का बाट नहीं है? इससे तो 10 किलो आम तोलने में काफी वक्त लगेगा।'' वह बोला, ''नहीं मैडम! लेकिन मैं जल्दी-जल्दी तोल दूँगा।'' वह बोली, ''मेरे घर में वजन तोलने वाली इलेक्ट्रॉनिक मशीन है। आप मुझे अंदाज से लगभग 10 किलो आम दे दो और मैं उसे घर में लें जाकर तोल लूँगी।'' उसने दो प्लास्टिक बैग में उसे आम भरकर दे दिए। वह घर के अंदर जाने के लिए पलटी और बोली, ''क्या तुम अंदर नहीं आ रहे हो? आकर देखोगे नहीं? ऐसा न हो कि मैं तुम्हें ठग लूँ।''

वह बोला, ''यदि आप ऐसा करती हैं तो क्या? मैं कुछ रुपयों से गरीब हो जाऊँगा, लेकिन आप तो चोर बन जाएँगी। आप जाइए, मैं यहाँ आपका इंतजार करूँगा।''

शाम को उस महिला ने यह घटना अपने पति को सुनाई तो उसने कहा, ''सामन्यात: लोग सड़क पर विक्रय करनेवालों को ठग समझते हैं, पर यह आदमी अवश्य ही चरित्रवान था।''

उसी दोपहर वह महिला अपनी लड़की को लेकर स्टेशनरी की दुकान पर पेंसिल बॉक्स खरीदने के लिए गई। दुकानदार ने उसे महँगे व रंग-बिरंगे पेंसिल बॉक्स दिखाए। महिला ने एक साधारण पेंसिल-बॉक्स को पसंद किया और अपनी बेटी को समझाया कि महँगे पेंसिल बॉक्स जल्द ही खराब हो जाएँगे। जैसे ही वह उसकी कीमत चुकाने लगी तो उसने अपने बेटी के स्कर्ट के पॉकेट में कुछ उभार सा देखा। उसने उससे पूछा, ''नंदिनी, तुम्हारी जेब में क्या है?'' ''ओह मम्मी कुछ नहीं, बस टॉफी है।'' लेकिन बच्ची का चेहरा

कुछ और ही बयाँ कर रहा था। उसने अपनी बेटी की जेब में हाथ डाला तो उसमें से एक महँगा पेंसिल शार्पनर निकला। शर्मिंदगी से उसका रंग लाल हो गया। उसने देखा कि काउंटर की बगल के शेल्फ में महँगे रबर और शार्पनर भरे हुए हैं। उसने पूछा, ''नंदिनी, तुमने चोरी क्यों की?'' छोटी लड़की ने सिसकते हुए कहा, ''क्योंकि आप कभी भी मुझे अच्छी चीजें खरीदकर नहीं देती हो।'' माँ ने शार्पनर को शेल्फ पर वापस रख दिया और कहा, ''मैं अपनी बेटी के कारनामे पर बहुत शर्मिंदा हूँ। अच्छा है कि मैंने दुकान छोड़ने से पहले ही उसे देख लिया।'' दुकानदार ने कहा, ''कोई बात नहीं मैडम, मैंने तो पहले ही आपकी बेटी को चोरी करते देख लिया था, लेकिन मैंने कुछ न कहना ही ठीक समझा। आप एक इज्जतदार महिला दिखती हैं, इसलिए मैं आपको शर्मिंदा नहीं करना चाहता था।'' दुकानदार की इस बात से उसे और अधिक चोट पहुँची। अब बच्ची जोर-जोर से रोने लगी थी। दुकानदार ने उस बच्ची को टॉफी देते हुए कहा, ''बेटे मत रो, लो यह लो। अगली बार, जब भी तुम्हें कोई चीज लेनी हो तो अपनी मम्मी से कहना।''

महिला ने चॉकलेट को वापस काउंटर पर रख दिया और विनम्रता से बोली, ''कृपया इसे यह मत दीजिए, मेरी बच्ची को यह अनुभव नहीं होना चाहिए कि चोरी करने पर कोई ईनाम मिल सकता है। हमें माफ करना।'' वे चुपचाप अपनी कार में बैठकर घर की ओर चल दिए। परंतु माँ बहुत दुखी थी।

रात्रि के भोजन के बाद वे सब आइसक्रीम खाने के लिए निकले। पिता ने सड़क के किनारे एक ठेले वाले विक्रेता के पास अपनी कार रोकी। सबने अपनी-अपनी पसंद की आइसक्रीम ली। बिल 115/- रुपए का बना। पिता ने अपना बटुआ अपनी पत्नी को थमाया और उसने उसमें से 500/- रुपए का एक नोट उस आइसक्रीम विक्रेता को देने के लिए निकाला। वह बोला, ''मैडम, मेरे पास चिल्लर नहीं हैं, कृपया आप मुझे सही रकम दें।'' उसने बटुए की तलाशी ली तो उसमें से मात्र 55/- रुपए की चिल्लर निकली। क्या किया जाए? आखिर वह बोली, ''हमारा घर पास की गली में है, हम तुरंत घर से पैसे लाकर तुम्हें देते हैं। तुम यहाँ कब तक रहोगे?'' वह आदमी बोला, ''मैडम मैं आधी रात तक रहूँगा।'' ''तुम्हारा नाम क्या है?'' ''मेरा नाम हृदय है।'' आइसक्रीम बेचने वाले ने जवाब दिया। वे पैसा लाने के लिए जल्दी से घर की ओर चले।

कुछ ही देर में वे वापस आए। माँ ने शेष रकम 60/- रुपए उसे दिए। वह बोला, "मैडम आपने पहले मुझे 50/- रुपए दिए थे, अब मुझे 65/- रुपए दीजिए।" वह बोली, "नहीं, मैंने तुम्हें पहले 55/- रुपए दिए थे," वह चुप हो गया। वह बिल्कुल आश्वस्त थी कि उसने उसे पूरी रकम चुकता की है, लेकिन वह नहीं चाहती थी कि उस नौजवान के मन में किसी प्रकार का संदेह रहे।

उसने उसे फिर 5/- रुपए का नोट दिया और बोली, "लो, यह लो, शायद मैं ही गलत हूँ।" उसने हिचकते हुए कहा, "मान लीजिए, शायद आपने मुझे इससे पहले पूरा भुगतान कर दिया है, तो मैं अधिक भुगतान नहीं लेना चाहता। मैं तो केवल सही दाम ही लेना चाहता हूँ।" महिला ने उसे दबावपूर्वक 5/- रुपए दिए और कहा, "कोई बात नहीं भाई, इसे रख लो।" महिला को महसूस हुआ कि इसका हृदय कितना सुनहरा है और सुबह आम बेचनेवाले का हृदय भी ऐसा ही था।

चरित्र अमीर घर में जन्म लेकर या मुँह में चाँदी का चम्मच लेकर पैदा होने से ही नहीं मिल जाता है। स्वयं पर नियंत्रण, ईमानदारी और ईश्वर के प्रति अगाध श्रद्धा और उसके अस्तित्व को हर पल महसूस करने से बनता है।

‘प्रिय स्वामी, धन्यवाद!’

प्रिय स्वामी!
आपने अपनी हथेली में हमें सँभालकर रखा,
हमेशा कार्यरत रहने की क्षमता दिए रखा।
प्रिय स्वामी!
हमारी साँसों के जरिए,आप प्यार बहाए रखना,
हमें इस कार्य के लिए चुनने की कृपा बनाए रखना।
प्रिय स्वामी!
आपने हमारा सहस बनाया, आश्वासन देकर,
उसके बिना न चल पाते इस पथ पर।
प्रिय स्वामी!
जिंदगी का रुख बदला-बदला सा लगता है,
आप के प्यार के बिना न हो सकता है।
प्रिय स्वामी!
आपके आदेशकों को सुनने का, यंत्र बनाए रखना,
हमारी बचकानी माँगों पर नियंत्रण लगाए रखना।

—प्रिया व संजय टंडन

स्पष्टीकरण

किसी भी व्यक्ति अथवा किसी भी संप्रदाय की भावनाओं को चोट नहीं पहुँचे, इसके लिए अत्यंत सावधानी बरती गई है। यदि अनजाने में इस पुस्तक में ऐसी कोई लेखनी आ गई हो एवं यदि इससे किसी की भावना को ठेस पहुँची हो, तो वह बिलकुल अनजाने में हुआ है और उसके लिए हम विनम्रता से क्षमा माँगते हैं।

आपसे अलविदा कहते हुए, हम अपने हाथों को जोड़कर, प्रार्थना करते हैं कि परमपिता परमेश्वर आपको आशीर्वाद दें और हमेशा आपको अपनी हथेली में थाम कर रखें और आप हमेशा उन्हें अपने मन-मंदिर में श्रद्धापूर्वक दरशाते रहें।

जय साईं राम!

—प्रिया व संजय टंडन